KB236664

번역과 일본의 근대

마루야마 마사오 · 가토 슈이치
임성모 옮김

번역과 일본의 근대

이산

번역과 일본의 근대

2000년 8월 25일 초판 1쇄 발행
2023년 9월 25일 초판 9쇄 발행
지은이 마루야마 마사오·가토 슈이치
옮긴이 임성모
펴낸이 강인황
도서출판 이산
서울특별시 중구 필동로 8가길 10
Tel : 334-2847 / Fax : 334-2849
E-mail : yeesan@yeesan.co.kr
등록 1996년 8월 8일 제 2015-000001호

편집 문현숙·허형주
인쇄 한영문화사 / 제본 한영제책
ISBN 978-89-87608-15-0 03910
KDC 913 (일본역사, 일본문화사)

가격은 뒤표지에 있습니다.

HON'YAKU TO NIHON NO KINDAI
by Masao Maruyama and Shuichi Kato
Copyright ⓒ 1998 by Yukari Maruyama and Shuichi Kato
First published in Japanese in 1998 by Iwanami Shoten, Publishers, Tokyo.
This Korean edition published by Yeesan Publishing Co., Seoul
by arrangement with Iwanami Shoten, Publishers, Tokyo
through Korea Copyright Center, Seoul.

www.yeesan.co.kr

이 책이 만들어지기까지

이 책은 일본근대사상대계(日本近代思想大系, 1988~1992, 전23권 · 별권1, 이와나미쇼텐〔岩波書店〕간행) 중의 한 권인『번역의 사상』(飜譯の思想, 가토 슈이치·마루야마 마사오 편, 1991년 9월 간행)을 편집하던 과정과 밀접한 관계가 있다. 아래에서 이 책이 만들어지기까지의 배경에 대해서 짧게 언급하고자 한다.

일본근대사상대계는 일본 근대의 요람기라고 할 수 있는 시대의 사상을 전망하자는 것이었는데, 대표적인 사상가의 작품을 수록한다는 종래의 방침과는 달리, 이 시기 정신활동의 모든 분야를 대상으로 삼아서 23개의 과제를 설정하고 그 과제에 들어맞는 원전을 정리해 주석을 붙인다는, 전혀 새로운 편집방향을 잡았다. 과제를 좁히는 것도, 거기에 부합되는 문헌을 모으고 본문을 정리해서 주석을 다는 것도, 나아가 이를 통합해서 해설하는 것도 엄청난 작업이었다.

『번역의 사상』을 편집한 두 분의 노고도 만만치 않았다. 수록문헌을 확정한 뒤, 각 문헌담당자인 장자닝(張嘉寧) 씨, 무라카미 준이치(村上淳一) 씨, 야지마 미도리(矢島翠) 씨, 야마모토 요시아키(山本芳明) 씨, 미야무라 하루오(宮村治雄) 씨, 이다 스스무(井田進)씨 등과 가진 모임은 수없이 많다. 예컨대 『만국공법』을 담당한 캘리포니아 대학 교수 장자닝 박사도 여러 차례 일본에 와서 거듭 토론했다.

몇 년에 걸친 작업이 진척되고 바야흐로 해설 단계에 접어들 무렵, 마루야마 씨는 건강이 좋지 않아 가토 씨에게 집필을 일임했다. 그래서 가토 씨는 마루야마 씨의 컨디션이 비교적 좋은 시간을 택해 수차례에 걸쳐 의견을 물어보았는데, 그때 남긴 녹음 테이프 가운데 '번역'에 관한 부분을 정리한 것이 이 책이다.

마루야마 씨의 의견을 물어보기 위해 이루어진 만남이었기 때문에, 그 만남은 이른바 '대담'은 아니었다. 가토 씨가 질문하고 마루야마 씨가 대답하는, 말하자면 '문답'이었다.

이 '문답'은 원래 편집의 기초작업으로 이루어진 것이었지만, 자유롭고 활달한 대화가 무척 흥미로워 편집부로서는 언제 어떤 형식으로든 공표했으면 싶다고 두 분께 여쭈어 대체로 승낙을 얻을 수 있었다. 마루야마 씨는 이미 속기록을 건네받은 상태였는데, 안타깝게도 간행 작업이 구체화되기 전에 병세가 악화되어 1996년에 돌아가셨다.

그 바람에 편집작업은 중단될 수밖에 없었지만, 그대로 묻어두기에는 너무 아깝고 또 마루야마 씨의 가필도 거의 끝난 상태였기 때문에, 이번에 가토 씨에게 다시 한번 전체적인 점검을 받고 간행하게 된 것이다.

이와나미 편집부

일러두기

1. 이 책은 丸山眞男와 加藤周一의 『飜譯と日本の近代』(岩波書店, 1998)을 완역한 것이다.

2. 지은이의 주는 번호를 따로 붙이지 않고 각주로 되어 있으며, 옮긴이가 덧붙인 것은 각주와 본문에 〔 〕나 (―옮긴이)로 표시했다.

3. 본문에서 일련번호가 붙은 주는 모두 옮긴이의 주이며, 후주로 처리했다.

4. 모든 일본의 인명·지명은 외래어 표기법에 따라 표기했으며 해당 고유명사가 처음 나올 때 ( )안에 한자를 병기했다.

차례

1

번역 문화의 도래

번역 문화의 도래

시대상황을 생각한다

가토 | 새삼스럽지만, 여쭙고 싶은 것을 몇 가지 들자면 대략 이렇지 않을까 싶습니다.

우선 전제로서 '번역의 배경'입니다. 곧 메이지(明治) 시대(1868~1912) 초기의 대외관계지요. 그러고 나서 첫째로 '일반적으로 무엇을 번역했는가, 무엇을 번역할 필요가 있었는가,' 그 다음에 '어떤 사람이 번역을 했는가,' 셋째로 '왜 번역주의를 취했는가' 하는 점입니다. 오늘날의 일본과는 달리, 왜 그토록 철저하게 번역주의를 취했던 것일까 하는 문제지요. 이는 도리어 오늘날의 중국과 비슷합니다. 넷째로 '어떻게 번역했는가'라는 겁니다. 어떤 개념을 어떤 식으로 다루었는가 하는 좀 구체적인 이야기가 되겠지요. 마지막으로는 '메이지 시기 일본의 번역주의가 남긴 공과(功過)'랄까, 다시 말해서 나중의 일본 문화에 어떤 긍정적·부정적 결과를 가져왔는가 하는 점입니다. 이 정도의 화제면 어떨까 싶습니다만, 어떻게 생각하십니까?

마루야마 | 그것만 갖고도, 가토 씨, 대단한 논문 감이오. 말문이 막힐 지경이외다.(웃음)

가토 | 제일 먼저 전제 부분에 대해서 말입니다만. 이건 질문이라기보다도 제 나름대로 좀 생각해 본 것이 있는데, 우선 그 대강을 말씀 드리고 나서 바로잡아 주신다 할지 의견을 듣고 싶은데요…….

메이지까지, 아니 18세기 말까지 일본의 대외관계는, 조선통신사나 나가사키(長崎)를 통한 네덜란드가 있긴 했어도, 크게 봐서 주로 중국과의 관계였습니다. 중국으로부터도 '몽골의 침입'을 제외하고는 직접적인 군사적 위협이랄 것은 없었고, 에도(江戶) 시대(1603~1868) 이전에는 교통도 꽤나 힘들었는데, 에도 시대가 되면서부터는 쇄국(鎖國)이었지요. 한반도와의 관계를 차치해 둔다면 외국과의 물리적인 접촉, 특히 인적 교류는 드물었습니다. 중국에서 온 사람도, 남북조(南北朝) 시대(1336~1392)와 무로마치(室町) 시대(1338~1573)야 어찌되었든 에도 시대에는 아주 적습니다. 요컨대 중국은 직접적인 접촉이 생겨나기에는 너무 먼 나라면서도 정보가 들어오기에는 충분히 가까운 나라가 아니었나, 그런 생각이 듭니다.

이와는 달리 서양은 19세기 초부터 직접 접촉의 형태를 취했습니다. 배가 출몰하고 사람이 나타나서, 수적으로는 얼마 안되었지만, 중국과는 다르게 좀더 직접적으로 대하고 교섭해야 하는 상대로서 등장한 것이지요. 어째서 그런 일이 일어났을까 생각해 보면, 물론 서양은 대항해 시대 이래로 항해술이 발달했기 때문에, 서양인이 일본에 오려고 마음만 먹으면 어떻게든 해안까지 올 수 있는 상황이었습니다. 그러나 [일본은] 서양에 대한 정보가 너무 없었습니다. 이쪽에서 보자면 중국과는 전혀 달라서, 서양은 인도보다도 멉니다. 훨씬 더 저쪽이지요. 거기서 무슨 일이 일어나고 있는지에 대한 정보가 들어오기에는 [거리상으로] 너무 멀다고 하는 상황이 갑자기 생겨난 거지요. 그런 상황이 대개 반 세기 정도 계속됩니다. 상대방이 해안에 나타나서, 얼굴을 보려고 마음만 먹으면 가물가물 보이는 상황인데도, 도대체 그들이 무슨 생각을 하고 있는지, 그들의 나라는 어떤 상황인지 도통 모르는 겁니다. 정보가 절대적으로 부족한 상태가 발생했던 거지요. 중국과는 정반대로 말입니다. 중국 쪽은 정보는 많은데 사람이 오지 않고, 서양 쪽은 사람은 오는데 정보가 없는, 그런 역전현상이 발생한 겁니다.

그래서 "이거 큰일이군. 정보를 얻어야겠다"고 생각하게 됩니다. 문턱까지 와 있는 상대방을 모른대서야 곤란하니까, 어떻게든 정보를 얻기 위해 서둘러서 예민하게 반응했습니다. 마치 태평양전쟁 뒤 연합군 점령기의 일본이 미국, 나아가 해외 사정에 대한 정보를 서둘러서 수집하려 했던 것과 비슷하지요. 일본이 예민하게 반응한 데 비하면 중국 쪽은 조금 태평스러웠다고 할까요.

마루야마 | 아니, 중국은 조금이랄 정도가 아니라…….

가토 | 아편전쟁에서 영국에게 패한 것은 중국인데, 중국인보다도 막부(幕府) 말기의 일본인 쪽이 더 열심히 영국 사정을 알려고 했던 거지요.

마루야마 | 중화(中華)의식이 있으니까요.

가토 | 중국은 중화의식이 있기 때문에, 일본보다 훨씬 심각한 상황인데다 전쟁에 졌으면서도 아직 뭐랄까 '이거 큰일이군'이라는 위기감이 없었고…….

마루야마 | 중국이 보기에 전쟁에 강하다는 것은 곧 문화의 수준이 낮다는 증거지요. '중화'라는 것은 근본적으로 예(禮)적인 문화질서라서 '문'(文)이 '무'(武)에 비해 우월하다는 관념이 바탕에 깔려 있습니다. 때문에 억지를 부려서 "어차피 놈들은 오랑캐(夷狄)니까 완력은

강하게 마련이야'라는 이유를 갖다 댈 수 있지요.

가토 | 오히려 놀라워해야 할 점은 아편전쟁의 배상에 응할 수 있었던 청의 국력입니다. 하지만 일본은 아편전쟁의 결과에 소스라치게 놀랐습니다. 일본은 사무라이가 통치하고 있는 '상무'(尙武)의 나라니까 오래도록 존경해 왔던 성인(聖人)의 나라가 오랑캐한테 그토록 무참히 당했다는 것은 놀라운 사건이었지요. 아편전쟁이 없었다면 과연 일본은 어떻게 되었을까요? '이거 큰일이군' 하고 생각했기 때문에 '정보'라고 하는 문제가 다급해집니다. 아편전쟁과 청일전쟁은 일본인의 아시아 인식에 대해서는 둘 다 엄청난(강조는 저자가 한 것으로 이하 동일함) 일이었죠.

일본의 행운

가토 | '이거 큰일이군'이라는 일본인의 반응이 극한적으로 표출된 것이 바로 메이지 유신(明治維新)이지요. 그렇기 때문에 메이지 유신 직후에 많은 유학생을 서양으로 보내고 구미 시찰을 위해 이와쿠라(岩倉) 사절단[1]을 파견했던 것이고, 서양을 모델로 한 근대화를 추진하는 데까지 나아갑니다.

　그때 서양인은 일본 해안까지 왔습니다만, 19세기 후반은 일본에게 놀라울 만큼 운이 좋은 시기였습니다. 서양이 일본을 침략할 만한 처지가 못되었던 거죠. 프랑스는 프로이센과 보불전쟁을 치렀고, 미

이와쿠라 사절단 메이지 신정부는 불평등 조약의 개정을 준비하기 위해 미국과 유럽에 정부 수뇌부를 포함한 대규모 사절단을 파견했다. 가운데 일본옷 차림이 이와쿠라 도모미, 그 오른쪽에 서 있는 사람이 이토 히로부미다.

국은 남북전쟁 와중이었으니 그럴 형편이 아니었어요.

마루야마 ︱ 그 전에는 영국·프랑스와 러시아가 크림 전쟁을 치렀습니다.

가토 ︱ 모두들 바빠서 아시아에 대한 침략은 잠시 접어 두고 있는 틈에 일본은 민첩하게 근대화를 할 수 있었습니다. 그렇기 때문에 두 가지 요인이 있는 거지요. 하나는 일본인의 반응이 재빨랐다는 것, 또 하나는 상대방이 경황이 없었다는 겁니다. 둘 중에 어느 것 하나라도 빠졌더라면 일본은 구미의 압력에 도저히 저항할 수 없었을 겁니다. 상대방이 바빠서 침략해 오지 않았기 때문에 그 동안 시간을 벌 수 있었던 것이고, 그것이 1904년까지였다고 생각합니다.

러일전쟁 때에 처음으로 본격적인 군사 간섭이라는 형태로 서양의 대국(大國)이 나섰습니다만, 그것은 러시아 쪽에서 볼 때 너무 늦은 것이었습니다. 일본 쪽에서는 오히려 천우신조였고요. 만약 20년만 더 빨랐더라면 러일전쟁은 도저히 불가능했을 겁니다.

마루야마 | 하지만 삼국간섭이 있잖습니까?

가토 | 삼국간섭은 러일전쟁 10년 전이고, 그때도 마찬가지로 도저히 저항할 수 없는 상태였지요. 그런 배경이 있었기 때문에, 일본의 번역 문제는 요컨대 19세기라고 한다면 페리(Matthew C. Perry, 1794~1858) 함대의 내항 때부터 러일전쟁 때까지, 아니면 메이지 정부가 계획적인 '근대화'에 나선 때부터 러일전쟁 때까지, 상대방이 쉬고 있는 사이에 이쪽은 서둘러서…….

마루야마 | 최소한도의 일은 한다, 그래서 근대국가를 만든다는 거지요.

가토 | 그러려면 철저하게 정보를 얻을 필요가 있었고, 따라서 번역이 필요해지게 되는, 바로 이것이 배경이라고 생각합니다. '서양으로부터 배우자', '서양이다, 서양이야'라는 식으로 말입니다. 네덜란드어를 배우고 있던 사람들은 도쿠가와(德川) 말기에 대부분 영어로 바꿉니다. 미쓰쿠리 린쇼(箕作麟祥, 1846~1897)[2]처럼 사전 없이도 갑자기 프랑스어를 읽어 제치는 사람까지 나오지요. 그들이 선두 그룹이고, 선교사들한테 영어를 배운 사람들이 그 뒤를 이어서, 아무튼 별의별 서양책을 다 번역합니다. 그러한 행위에 따른 현상으로 예컨대

페리 내항 두번째로 내항한 페리 함대가 조약을 체결하기 위해 상륙하는 장면(요코하마, 1854.3.8).
해병대 등으로 구성된 완전무장한 의장대 500명이 정렬해 있다.

자유민권(自由民權)이라는 것도 나왔던 게 아닐까요? 그것이 근본적
인 배경일 거라고 생각합니다.

그러나 상대방이 바빴다고 하는 국외 사정은 일본 쪽에서는 그다
지 강조하지 않습니다. 일본 쪽의 반응이 민첩했다고 하는 점만 강조
하고 말이죠.

마루야마 │ 일본은 운이 좋았다고 하는 해석은 국제정치를 전공하는
사람들 사이에서는 상식입니다. 동아시아에 대한 제국주의가 본격화
되기 직전에 세계는 서로 전쟁을 하느라 바빴습니다. 특히 크림전쟁
과 남북전쟁이 결정적이죠. 크림전쟁은 영국·프랑스와 러시아의 차
르가 거국적으로 일으킨 대대적인 전쟁이었고 남북전쟁의 사상자 수

관련 연표(1840–1904)

1840	아편전쟁 발발(~1842). 난징(南京)조약에 의해 상하이(上海) 등 5개항을 개항하고 홍콩(香港)을 할양함.
1853	페리, 우라가(浦賀)에 내항. 크림전쟁 발발(~1856).
1854	페리, 두 번째 내항. 일·미 화친조약 체결.
1856	애로우호 사건으로 제2차 아편전쟁(애로우 전쟁) 발발(~1860).
1858	일·미 수호통상조약 조인.
1860	간린마루(咸臨丸),[3] 시나가와(品川) 항에서 미국으로 출발.
1861	미국 남북전쟁 발발(~1865).
1862	나마무기(生麥)사건[4] 발생.
1863	사쓰마·영국 전쟁(薩英戰爭). 시모노세키(下關)에서 조슈(長州) 번(藩)이 외국군함 포격.
1864	4개국 연합함대, 시모노세키 공격.
1868	왕정복고 쿠데타(메이지 유신). 무진(戊辰)전쟁[5] 발발(~1869).
1870	유럽에서 보불전쟁 발발(~1871).
1871	폐번치현(廢藩置縣). 이와쿠라 도모미(岩倉具視)가 이끄는 구미사절단, 요코하마(橫浜) 출발.
1877	세이난(西南) 전쟁.[6]
1889	대일본제국헌법 발포.
1894	청일전쟁 발발(~1895).
1895	삼국간섭.
1902	영일동맹 체결.
1904	러일전쟁 발발(~1905).

도 엄청났습니다. 남의 나라를 침략할 처지가 못되었던 겁니다. 그 두 가지 사정 때문에 일본에 대한 압력이 급격히 감소했다는 점은 의심할 바 없겠죠.

가토 | 거리 문제도 있었겠지요. 어쨌든 제일 멀었으니까요. 가는 데만 해도 돈이 들고 말이죠.

마루야마 | 그건 그렇습니다. 다만 역으로 말하자면, 막 생겨난 증기선은 항속거리가 얼마 되지 않으니까 아무래도 중국과의 중간지점에 연료용 땔감을 보급해줄 항구가 필요했지요. 그래서 개항이 빨라졌다는 사정도 있습니다. 오히려 페리 내항 이후에 저쪽 사정 때문에 외압이 줄었습니다. 바로 그 사이에 메이지 유신의 기초를 다졌던 거지요. 따라서 일본이 완전히 식민지화될 가능성은 현실적으로 없었습니다만, 중국이나 조선의 경우와 비교할 때, 만약 막부 말기의 양이론(攘夷論)을 고수한 채 돌진했더라면 조차지(租借地)라는 명목으로 영토의 일부를 외국에 빼앗겼을 가능성은 상당히 있었던 셈이죠.

양이론의 극적인 전환

마루야마 | 레닌이 말한 엄밀한 의미에서의 제국주의는 1890년경입니다만, 인도나 홍콩의 역사를 거슬러 올라가면 그런 근대 제국주의 이전의 식민지는 훨씬 전부터 시작되고 있었습니다. 막부 말기의 존왕양이론(尊王攘夷論) 중의 양이가 계속 이어져서 개국(開國)으로

전환되지 않았더라면, 주일 외국공사의 본국 보고 등을 보더라도, 상대방으로서는 군사적 방법을 통해서라도 일본의 양이론을 쳐부쉈을 겁니다. 그렇게 되었더라면 결국 조차지를 획득한다거나 대규모 외국 군대를 주둔시킬 수도 있었을 거라고 생각합니다. 따라서 일본측의 전술적 전환이랄까 변신이 빨랐던 것이 주효했던 셈이죠.

게다가 그것도 우연이라면 우연이겠지만, 존왕양이론의 중심은 사쓰마(薩摩)와 조슈(長州)였습니다. 사쓰마는 영국과의 전쟁에서 완패했고, 조슈 역시 4개국 연합함대가 포격, 상륙해서 여지없이 패했죠. 조슈 번(藩)의 경우에는 영국 유학생인 이노우에 가오루(井上馨, 1835~1915)[7]와 이토 히로부미(伊藤博文, 1841~1909)가 재빨리 돌아와서 번의 입장을 바꿨습니다. 존왕양이론이 가장 강경했던 사쓰마·조슈가 서양의 무력을 감지하고 가장 빨리 전향(轉向)했던 겁니다. 그 뒤로는 말하자면 존왕이라는 '명분'(玉)을 이용하면서, 막부 타도를 위해 전술적으로 개국이라는 것을 표면에 내세우지 않았죠. 그런 민첩한 전환은 중국에도 조선에도 없었습니다.

가토 | 중국은 크게 패했는데도 불구하고…….

마루야마 | 역시 중화사상 때문이지요.

가토 | 태평양전쟁의 경우도 그렇습니다만, 일본은 패전을 겪으면 하루아침에 변하는 것이 실로 극적일 정도입니다. 사쓰마·영국 전쟁의 경우에도 졌다고 생각하자 한두 해 사이에 영국으로 유학생을 보냅니다. 졌다고 생각하면 바로 상대국 유학인 거죠.

마루야마 | 모리 아리노리(森有禮, 1847~1889)[8]도 사쓰마 번 출신

나마무기 사건 사쓰마 번 사무라이들이 요코하마에 거류하던 영국 상인을 살상한 사건으로, 막부가 10만 파운드의 배상금을 지불하는 광경이다. 사쓰마 번은 배상금 지불을 거부하다가 이듬해 영국과 전쟁을 치른 뒤 같은 액수를 지불했다.

이니까요. 결코 메이지 정부의 유학생이 아닙니다.

가토 │ 재빠른 변신이에요.

마루야마 │ 막부 지지파도 유학생을 보냅니다. 각 번에서 보낸 유학생이 상당했지요.

가토 │ 조슈도 빨랐습니다. 나마무기(生麥) 사건 때문에 어수선한 와중이었는데도 이노우에나 이토 등은 영국으로 유학을 갑니다. 나마무기 사건 이듬해에 갔으니까요. 중국은 전쟁에 졌음에도 불구하고 유럽으로 유학생을 보내는 것이 늦습니다. 일본 쪽이 너무 빨랐다고나 할까요? 물론 그렇게 재빠른 게 과연 좋은 걸까 하는 생각이 들기도 합니다만.

마루야마 │ 그 전환이 결정적이지 않았을까요? 양이론이 급격하게 변했다는 것 말입니다. 만일 광신적인 양이론을 유지했더라면 온갖 어려운 외교문제가 생겼을 겁니다. 사건의 배상금은 거액일 테고 말이죠. 나마무기 사건의 경우 사쓰마 번이 지불한 금액만 해도 10만 파운드입니다. 당시로서는 거의 상상도 못할 액수지요. 우스운 이야기가 있는데, 링컨이 암살당했다는 보고가 전해졌을 때에 막부 지도부의 한 사람이 "어휴, 또 배상을 해야 되나"라고 탄식했답니다. 정보가 부족했던 탓에 "또 일본의 로닌(浪人)[9]들이 해치웠구나" 하고 생각했던 거죠.(웃음) 나마무기 사건 때에는 일단 막부가 배상금을 지불하고, 나중에 다시 사쓰마 번이 지불했지요. 양쪽이 다 말입니다. 시모노세키(下關) 포격 사건이나 영국 공사관 방화사건도 있었습니다. 만일 요원의 불길처럼 확산되었던 양이론이 그대로 지속되었더라면 과연 어찌되었을까요?

가토 │ 만약 유럽 쪽이 군대를 상륙시키게 되었다면 영국·프랑스를 중심으로 한 유럽 각국간에 분쟁도 일어났을 테지요.

마루야마 │ 자기들끼리는 서로 으르렁대면서도 공통의 이익이라는 견지에서는 역시 4개국 연합함대 같은 형태가 되었을 거라고 생각하는데요.

가토 │ 그래도 어떤 시기에는 영국이 사쓰마를, 프랑스가 막부를 지지했던 것처럼, 열강의 각축전이 어느 정도 수입되었을 테지요. 만약 전쟁이 오래 계속되었더라면 말입니다.

마루야마 │ 오래 계속되었더라면 그랬겠지요. 그래도 4개국 연합함대란 것은 미국·영국·네덜란드·프랑스지요. 일본과 관계가 제일 좋았던 네덜란드도 들어가 있습니다. 양이라는 것은 외국인 살상, 말하자면 테러리스트니까 열강이 모두 침묵하고 있지는 않았을 테고.

가토 ｜ 확실히 처음에는 그렇게 생각했겠지요. 외국에게도 처음에는 그저 테러리스트지만, 만약 양이로 계속 고집을 부렸더라면 그 정도에 그치지 않고 그 과정에서 차츰 군사적 점령으로 나아갔을 겁니다.

근대적 군대와 기술관료의 출현

마루야마 ｜ 일본 전체로서는 확실히 놀라울 만큼 빠른 변신이었지만, 역시 하급무사는 전혀 변하지 않았고 결국 이것이 세이난 전쟁으로까지 이어지게 된 거지요. 존왕양이인가 생각하고 있자니, '오랑캐'와 교섭할 뿐만 아니라 문명개화(文明開化)로 민권론(民權論)까지 이어지는 대목이 독특합니다. 사실 적어도 초기의 사족(士族)민권론[10]은 양이론의 연속입니다. 그만큼 확산되어 있었으니 양이론이 그렇게 간단히 없어질 리가 없었지요. 안 그랬다면 시마자키 도손(島崎藤村, 1872~1943)이 『새벽』(夜明け前)에서 그려 낸 아오야마 한조(靑山半藏)의 비극은 아마 일어나지 않았을 겁니다.[11] 존왕양이파 가운데에는 실제로 그런 인물이 있지 않았을까요? 히라타(平田) 국학(國學) 같은 것을 진심으로 믿었던 활동가들 말입니다. 상층부는 영악해서 전술적으로 양이론을 이용하지 않으면 막부 타도가 불가능하다고 보고 있었습니다.

가토 | 양쪽 다이겠지요. 존왕양이를 정말 믿으면서 세이난(西南) 전쟁까지 나아간 사람들과, 기술관료(technocrat)의 조상인 양 이데올로기는 얼마든지 바꿀 수 있는 도구라고 생각하던 사람들 말입니다. 두번째 부류는 우선 존왕양이로 해보고 나서 어느 단계에서 그 목적을 달성하면 다음 단계에서는 도구를 바꾸어서 승부를 걸자는 사람들이지요.

마루야마 | 가장 빨리 근대화한 것이 군대입니다. 하카마(袴, 주름잡힌 겉옷 하의)를 입으면 볼품이 없으니까 양복을 입고 군화를 신고 정렬해서는 말입니다. 음악도 군악대에서부터 시작되지요. 행진곡이라는 건 일본 음악으로는 아무래도 안됩니다. 아악(雅樂)으로 행진할 수는 없는 거지요. 일상생활을 생각해 봐도 군대에서는 모두 양복을 입을 수밖에 없어요. 그래서 최초로 서구화를 받아들인 건 군대를 포함한 기술관료였습니다.

가토 | 외국인 고문이 군대를 훈련시켰지요. 외국인 교사는 제일 먼저가 군대, 다음이 제국대학입니다.

마루야마 | 군대에서도 군사훈련의 목적이라고 해서 마침내 서양사 같은 것도 가르칩니다.

가토 | 막부 쪽도 그렇지요. 프랑스식 훈련 같은 것이 의식적으로 들어가 있습니다. '근대화'의 첫걸음은 외국인 교사, 유학생, 시찰단, 그리고 번역입니다.

마루야마 | 일본의 근대화에서 '전사'(戰士)인 무사가 지배계급이었다는 것은 중요하다고 생각합니다. 그래서 좋았다는 말은 아니지만,

명실상부한 '사대부,' 곧 문치(文治) 관료였다면 그런 기민한 반응은 불가능했을 겁니다. 이전부터 갖고 있던 내 가설입니다만, 막부 말기의 내란에서 센고쿠(戰國) 시대(1467~1568)가 기억으로서 소생했던 게, 전사가 진짜 전쟁을 했던 시대가 소생했던 게 아닐까요?

그 시대의 문헌을 읽어 보면 "지금은 아시카가(足利) 시대(＝무로마치 시대) 말기와 같다"라는 말이 자주 나옵니다. 천하태평(天下泰平)이 와르르 무너지면 되살아나는 기억은 센고쿠 시대인 겁니다. 샐러리맨화되어 있던 정신에 무사의 혼이 현상적으로 소생합니다. 당시의 사무라이는 전체적으로 샐러리맨화되어 있었습니다. 유교의 문치주의 영향도 있었겠지요. 하지만 본래 사무라이였던 이들은 사태를 대부분 군사적인 위협으로 받아들였습니다. 요시다 쇼인(吉田松陰, 1830~1859)만 그랬던 게 아니죠. 만약 문치 관료였더라면 그토록 민감하게 반응하지는 못했을 거라고 생각합니다. 사무라이가 지배했기 때문에 참을 수 없는 굴욕이라고 느꼈던 겁니다.

막번제 국가와 영토의식

마루야마 ｜ 중국의 경우에는, 아편전쟁 때에도 "어차피 오랑캐니까 국토의 짜투리쯤은 줘버려도 돼" 하는 정서입니다. 국토가 넓은 탓도 있겠지요. 마지막까지 고집했던 것은 오히려 삼궤구배(三跪九拜)의 예(禮)였습니다. 영국 사절이 베이징(北京)에 옵니다. 황제는 삼궤구배의 예를 요구합니다. 어떻게 전쟁에 진 나라의 황제가 이긴 나라의 사절에 대해서 삼궤구배의 예를 요구할 수 있습니까? 제일 옥신각신한 것이 '예' 문제였고, 어떤 의미에서는 토지의 할양(割讓)보다도 더 중요한 문제였습니다.

그런데 일본의 영토의식은 신국(神國)의 신성한 영토라는 관념이어서 근대국가의 테리토리(territory) 의식과 유사합니다. 영토의식의 기반에 번(藩)이라는 것이 있기 때문이죠. 조선에도, 심지어 중국에도 없었던 막번체제(幕藩體制)라고 하는 체제를 갖고 있었는데, 번 자체가 반쯤은 국가였습니다. 현실적으로 에도 시대에는 한어(漢語)로 쓸 때에는 번을 가리켜 전부 '國家'라고 썼습니다. 에도 시대의 문헌에는 '번'(藩)이라는 말이 놀라울 정도로 드뭅니다. 화문(和文)이나 구어(口語)에서도 '번'이라고 하지 않고 '오이에'(お家)나 '어디 어디 가(家)의 가신(家臣)'이라고 합니다. 오히려 메이지 이후가 되어서야 '번' '번' 하고 불렀던 거죠.

좀 지나치지 않나 하는 생각이 들기도 합니다만, 최근의 일본사 연구자 중에는 번체제를 봉건제라기보다 오히려 초기 근대국가라고 보는 사람들이 있습니다. 예전의 전형적 봉건제라는 규정에 대한 안티테제인 거지요. 그리 되면 막번체제는 일종의 연방국가, 곧 분데스슈타트(Bundesstaat)가 될까요…….

어느 쪽이 되었든 '번'은 미국의 주(state)보다 독립성이 훨씬 더 강합니다. 검문소(關所 세키쇼)가 있고, 인근의 번 영지로 갈 때는 '데가타'(手形), 곧 여권이 있어야 했습니다. 무엇보다도 막부는 전국 인민에 대한 징세권을 직접 갖고 있지 않았죠. 단지 직할 영지인 덴료(天領)에 한해서만 갖고 있었습니다. 막부의 우월성이라는 건 덴료가 다른 번의 영토보다 압도적으로 크다는 것뿐이었지요. 무가제법도(武家諸法度)라는 존재는 대소 영주들과 쇼군(將軍) 사이의 주종관계여서 그 이외의 무사는 막부와 직접적인 관계가 없습니다. 인민은 말할 필요도 없지요. 곧 막부는 대소 영주들을 통해 각 번을 아우르면서 전국을 통괄하고 있었을 뿐, 통일국가로서 가장 중요한 일반 인민에 대한 형벌권과 징세권을 갖고 있지 않았던 겁니다. 이것은 막부라는 것이 중앙정부가 아니었음을 아주 잘 보여줍니다.

가토 | 하지만 군사적으론 여러 가지로 제한을 가하지 않았습니까?

마루야마 | 그렇지요. 성(城)의 축조나 대포(大砲) 제조를 제한해서 센고쿠 시대로 되돌아가는 일이 없도록 했습니다. 그렇지만 역시 도쿠가와가(德川家)라는 것은 여러 다이묘(大名) 중의 제일인자에 불과합니다. primus inter pares, 곧 동등자간의 제일인자 말입니다.

가토 | 광산도 막부 직할이잖습니까?

마루야마 | 광산은 전부 직할입니다. 그리고 화폐 주조권도 막부가 독점했지요.

가토 | 그런 의미에서는 유럽의 왕보다 일본 봉건시대의 쇼군 쪽이 훨씬 강력했던 게 아닐까요?

마루야마 | 그건 그렇습니다.

가토 | 그런 의미에서 유럽 모델의 봉건제에서 본다면 아시카가＝무로마치 시대는 유럽과 비슷했다고 생각됩니다만, 도쿠가와 시대는 훨

씬 중앙집권적입니다.

마루야마 │ 순수봉건제에 비하면 그렇지요. 법제사(法制史) 연구자인 이시이 요스케(石井良助, 1907~1993) 씨 같은 이는 가마쿠라 막부 쪽이 슈고(守護)·지토(地頭)를 통해 전국을 통제해서 중앙집권적이었고, 에도 막부 쪽은 오히려 지방분권적이라고 합니다. 거기에 대해서는 여러 가지 논의가 있어서 이거라고 딱 잘라 말하긴 어렵지요.

가토 │ 물론 근대국가는 아닙니다만.

마루야마 │ 도쿠가와 요시무네(德川吉宗, 1684~1751) 시기에 재정이 곤란해서 1722년(享保 7) 아게마이(上米)[12]를 단행했을 때, 각 다이묘들로부터 헌상(獻上)토록 한 것을 "치욕을 무릅쓰고 말씀하셨다"고 했습니다. 여기에 대해서 오규 소라이(荻生徂徠, 1666~1728)[13]는 "도대체 뭐가 치욕이란 말인가" 하고 화를 냅니다. 그의 입장은 다이묘의 석고(石高)를 최고 30만 석(石)으로 제한하라고 주장하는 도쿠가와 중심주의니까요. 도쿠가와와 직접적인 주종관계에 있는 다이묘에 대해서조차도 이러했던 겁니다. 하물며 일반 인민에 대해서는 모두 간접통치지요. 일반 인민에게 '기미'(君)란 곧 번주(藩主)를 가리켰고, '오이에'(お家)라고 하면 자기 영주(殿樣)의 이에(家)였던 겁니다. 물론 에도의 시민과 직할지 거주민은 별개입니다만.

　그런데 막부의 법은 번의 법에 대해서도 큰 권위를 갖고 있었습니다. 최근 번의 법에 대해서 연구가 진척되고 있습니다만, 대개 막부의 법을 모델로 삼고 있죠. 그런데 모델로 삼기는 해도 원칙은 입법주권(立法主權)을 취하고 있습니다.

　이번에는 번의 사정을 살펴보지요. 무로마치 시대와 달리 토착 무사는 없어지고 모두 조카마치(城下町, 중세 이래 성곽을 중심으로 영주의 직속 무사단과 상공업자에 의해 형성된 도시—옮긴이)에 살면서 대부분 녹(祿)으로 쌀을 지급받는 관료가 되고 말았습니다. 곧 토지를 소유한 유력 농민의 계통을 잇는 무사라는 존재는 거의 사라져 버렸던 거지요. 그런 의미에서 소규모의 근대국가라고도 할 수 있습니다.

가토 | 막부의 영지 몰수나 교체의 영향이 크다고 생각합니다만. 중세의 봉건제와는 전혀 다르지요.

마루야마 | 그렇기 때문에, 뒤집어 말해서, 폐번치현(廢藩置縣, 메이지 유신 이후 1871년 번을 없애고 근대 행정구역으로서 현을 설치한 조치—옮긴이)으로 순조롭게 이행한 이유 중 하나가 그것이라고 생각합니다. 하나 하나의 번이 말하자면 유사한 형태의 소규모 국가였기 때문에 그것을 하나로 통합하기가 쉬웠던 겁니다.

에도 시대의 번역론

가토 | 그런 에도 시대에 외국어에 대해서는 어떤 식으로 접하고 있었던 걸까요?

마루야마 | 내가 오규 소라이가 탁월하다고 생각한 것은 이런 점입니다. 중국과 오랜 관계를 맺고 있어서, 적어도 일본의 지식계급은 한문(漢文)을 읽고 쓸 줄 알았고 중국 고전을 완전히 자기 교양으로 삼았

다고 보아야 할 겁니다. 그런데 거기에 대해서 소라이는 "우리가 읽고 있는 『논어』『맹자』라는 것은 외국어로 쓰여 있다. 우리는 옛날부터 번역해서 읽고 있을 뿐이다"라고 폭탄선언을 합니다.

이 선언은 마치 콜럼버스의 달걀 같은 거지요. 모두 '앗!' 하고 놀랐으니까요. 그는 "유붕(有朋)이 자원방래(自遠方來)

오규 소라이
『정담』(政談)과 『태평책』(太平策) 등을 저술하여 막부정치의 문제점과 대안을 예리하게 지적했다.

하니 불역낙호(不亦樂呼)아"(とも あり, えんぽうより きたる, また たのしからずや)라고 읽고서는 『논어』를 읽었다고들 말하지만, 과연 그걸로 『논어』를 충실히 이해하고 있는지 어떤지는 의문이라고 했습니다. 소라이는 일본어와 중국어는 기본적으로 문법구조가 다른데 그것을 한문식으로 뒤집어 읽어서는 '야마토 냄새'(和臭)를 면할 수 없다고 말합니다.

가토 │ 그런 발상(着眼)은 대체 어디서 나온 걸까요?

마루야마 │ 꽤나 놀랄 만한 일입니다. 소라이는 실제로 중국인 교사를 두고 발음 공부를 했습니다.

가토 │ 소라이에게는 야나기사와 요시야스(柳澤吉保, 1658～1714)[14]라는 든든한 배경이 있어서 나가사키에서 가정교사를 부르

『역문전제』 오규 소라이에게 최초로 명성을 가져다 준 일종의 자전. 모두 6권으로 2,434자를 해설해 놓았다.

지요. 그런 일은 일반 유학자로서는 불가능했습니다. 그건 그렇다 치고, 어떻게 근본적으로 그런 필요성을 느꼈던 걸까, 왜 소라이는 그런 생각에 도달했던 걸까, 바로 이 점이 궁금하군요.

마루야마 │ 그런 발상이 처음으로 담긴 소라이의 저작이 『역문전제』(譯文筌蹄)[15]입니다.* 그런데 실질적으로 형성된 것은 만년이 되고 나서인 50대 이후지요. 거의 교호(享保, 1716~1736)연간 이후라고 할 수 있겠습니다. 『역문전제』의 성립연대는 확실치 않지만, 대략 쇼토쿠(正德, 1711~1716)연간 이전일 거라고 생각합니다. 그 시대에 이미 '고문사'(古文辭)라는 용어를 사용하고 있습니다. 주자 철학을 전면적으로 비판하기보다 한 단계 이전의 단계에서, 곧 교호 원년 이후 『논어징』(論語徵) 등을 잇달아 쓰기 전에, 그런 일종의 비교언어학이

---

* 오규 소라이는 『역문전제』 초편(初編)의 머리글에서 다음과 같이 말하고 있다. "이쪽 학자들은 방언(方言, 곧 일본어―옮긴이)을 가지고 쓰고 읽으면서 이를 가리켜 화훈(和訓)이라고 한다. 이것을 훈고(訓詁)라고 이해하지만 실은 번역이다. 그런데도 사람들은 그것이 번역임을 모른다" "저쪽에는 당연히 저쪽의 언어가 있다. 중화(中華)에는 당연히 중화의 언어가 있다. 언어의 체질이 본디 달라서 어느 것에 의거한들 딱 들어맞질 않는다. 이런데도 화훈으로 에둘러 읽고서 통할 것 같다고 한다. 그러나 사실은 견강부회일 뿐이다. 그래도 세상 사람들은 반성하지 않고 책을 읽고 글을 쓸 때 그저 화훈에만 따른다."(원문은 한문으로 되어 있다.)

라고나 할 방법론을 의식하고 있었던 겁니다. 따라서 '고문사'는 언어학으로서 시작되었던 것이고, 경학(經學)으로서의 소라이학이 형성되는 것보다 빠릅니다.

내가 아주 흥미롭게 생각하는 점은 후쿠자와 유키치(福澤諭吉, 1834~1901)와 오규 소라이가 비슷하다는 겁니다. 내가 두 학자한테 넋이 나가 있는 탓일지도 모르지만, 두 사람 다 부정적 요소를 긍정적으로 전화(轉化)시키는 면이 있지요. 예를 들어서 소라이는 일본식 한문 독법(讀法)을 비판하면서도 전면 부정까지는 하지 않습니다. 일본식으로 바꿔 읽는 것을 약점이라고 보는 것이 아니라, 구조가 다르다는 것을 알려면 한번은 바꿔 읽을 필요도 있다는 겁니다.

그는 『역문전제』에서 훈(訓)은 같지만 뜻은 다른 경우를 들고 있습니다. 예를 들자면 靜이라는 글자도 閑이라는 글자도 훈은 모두 '시즈카'(しずか)다, 하지만 靜과 閑은 한어(漢語), 곧 고전중국어에서 뜻이 전혀 다르다라는 데서 시작하는 겁니다. 똑같이 '시즈카'로 발음되는 한어를 전부 늘어놓고 이것은 중국에서 이러저러한 의미라고 밝히는 것입니다. 『역문전제』는 그런 식으로 구성된 일종의 자전(字典)이지요. 지금 읽어보아도 재미있고 아주 유익합니다. 중국어로는 다른 한자로 표기되어 있지만 훈이 같아져 버리기 때문에, 화훈(和訓)으로 훈독할 경우에 일본인은 중국의 시(詩)나 문장의 진정한 의미를 잃어버릴지도 모른다는 것입니다. 그런데 그렇게 말하면서도 동시에 전통적인 한문 독법에도 유리한 점이 있다, 오히려 중국인보다 유리하다라고 소라이는 주장합니다. 일본인은 문법도 다르고 질적으로도 다른

중국어를 일본어로 바꿔 읽고 있는 것인데, 그것이 번역임을 의식하지 못하고 읽기 때문에 안된다. 따라서 만약 번역임을 의식하고 읽기만 한다면 중국어의 구조를 중국인 이상으로 잘 이해할 수 있다고 말하는 겁니다. 지금식으로 말하자면 비교언어학이죠. "여산 속에 있는 사람은 여산의 진면목을 알 수 없다"〔不識廬山眞面目, 只綠身在此山中〕는 식으로, 중국인은 별 생각 없이 자기 언어를 사용하니까 마치 여산 속에 있는 것과 같아서 오히려 여산의 참모습을 모를 수 있다는 거죠.

이건 후쿠자와가 말한 '일신이생'(一身二生)과 아주 비슷합니다. 서양인이 서양문명 속에서 문명을 논하는 데 비해서, 일본인이 문명론을 쓰는 것은 '시조'(始造)라고 해도 좋을 만큼 몹시 어려운 일이다, 그러나 동시에 서양인은 몇백 년 전의 봉건제에 대해서 열심히 문헌을 뒤져 가며 조사해야 하지만 우리는 20년 정도 전에 순수한 봉건의 인민이었고 그 생활을 전반생(前半生)에서 경험했기 때문에 전반생과 후반생(後半生)을 비교하면 문명의 성질을 아주 잘 알 수 있다, 서양인이 서양문명의 한가운데 있으면서 그 '유래'를 지레짐작하는 것보다는 일본인의 경험 쪽이 훨씬 더 확실하지 않겠느냐는 겁니다. 곤란을 역이용해서, 오히려 자기 문제에 대해 경험을 가진 만큼 유리한 점이 있다는 거지요.[16]

후쿠자와의 주장과 소라이의 접근방식은 유사합니다. 논의의 대상은 물론 다르지만, 비교라는 시각이 그렇습니다. 일본인이 전통적 한문 독법으로 중국 고전을 숙지하고, 거기다 자신과는 이질적인 것을 번역문으로 읽고 있는 거라고 자각하기만 한다면, 비교라는 방법·의식에 의해서 본가(本家)·원조인 중국인보다도 더 깊이 알 수 있다고 하는, 흥미로운 문제를 내포하고 있습니다.

중국어를 외국어로 의식하다

가토 | 소라이는 네덜란드어를 봤던 걸까요, 아니면 어떤 식으로 의식하고 있었던 걸까요? 물론 읽지는 못했겠지만, 네덜란드어가 있다는 것은 알고 있었겠지요.

마루야마 | 물론입니다. '주리격설'(侏僑鴃舌)이라는 말을 자주 사용하고 있는데(『學則』),* 이것은 유럽어를 말하는 것이죠.

가토 | 아니, 그뿐만이 아닌 것 같습니다. 조금 다른 식으로 말하자면, 일본어가 있고 네덜란드어가 있고 중국어가 있다고 하는 것, 결국 다(多)언어적인 세계—그건 문화의 다원성이라는 것도 되겠지요—를 소라이는 의식하고 있었던 게 아닐까요?

마루야마 | 그렇지요, 물론 그렇습니다. 그의 『학칙』(學則)에도 나와 있습니다. 네덜란드어라고는 꼬집어 말하고 있지 않습니다만.

가토 | 다만 '주리격설'이라는 표현은 너무 비유적이군요. 과연 네딜

---

* 주리(侏僑, 또는 侏離)는 서방 야만인의 음악, 격설(鴃舌)은 온갖 새들이 지저귀는 소리를 뜻한다. 둘 다 알아들을 수 없는 외국인의 말을 비유한 것이다. "侏離, 蠻聲異聲"(『後漢書』南蠻傳, 李賢注), "今也南蠻鴃舌之人, 非先王之道"(『孟子』滕文公上).

란드어를 또 하나의 언어, 또 하나의 어휘와 문법의 체계로 의식하고 있었던 걸까요?

마루야마 | 『학칙』에서 "중국어도 '주리격설'이다"라고 말하고 있는 점이 사실 중요하다고 생각합니다. 중국어가 일본어와 이질적임을 자각하지 못하면 번역을 읽고 있다는 의식을 하지 못하기 때문에 '야마토 냄새'〔和臭〕를 풍긴다, 일본어 냄새를 풍기며 읽고 있는데도 마치 중국의 고전을 그대로 읽고 이해한 양 착각하는 것이다라고 말입니다. 그런 상태대로라면 중국어도 '주리격설'이 될 거라고 말하고 있습니다. 소라이는 네덜란드어와 중국어를 똑같이 봅니다. 방법론으로서 탁월하지요.

가토 | 그가 왜 그 시기에 중국어를 외국어로 예민하게 의식했는가 하는 것은…….

마루야마 | 모르겠어요.

가토 | 네덜란드어를 외국어로 의식했던 것과 관련이 있는지도 모르겠군요. 18세기 전반기는 도쿠가와 요시무네가 한역 양서(漢譯洋書)의 수입제한을 완화해서(1720) 그리스도교 관련 서적 외에는 양서 수입이 허용되었기 때문에 난학(蘭學)이 발흥하기 시작한 때입니다.[17] 많은 지식인들이 그저 중국과의 창구로서뿐만 아니라 네덜란드와의 창구로서도 나가사키에 흥미를 갖기 시작한 시대죠. 만약 네덜란드어를 외국어로 의식하기 시작했다면, 그건 18세기 초부터라 해도 이상하지는 않을 것 같아요. 그렇게 본다면 가장 기본적인 문제는 중국어냐 네덜란드어냐가 아니라 인간의 언어가 여러 개라는 것이겠죠. 일본어

에도 시대 난학의 주도자들 스기타 겐파쿠(杉田玄白, 왼쪽)는 난학의 대명사인『해체신서』를 마에노 료타쿠 등과 함께 참고할 사전도 없이 3년 만에 번역해 냈다. 그 제자인 오쓰키 겐타쿠(大槻玄澤, 오른 쪽)는『해체신서』를 개정·증보하는 한편 최초의 난학 사숙(私塾)인 지란당을 에도에 설립했다.

말고도 같은 언어가 있다고 하는 것 말입니다.

마루야마 │ 같은 언어가 있다는 것까지 포함해서 두 가지지요.

가토 │ 물론 많은 점에서 다르다고 하는 것을 포함해서요.

마루야마 │ 그렇죠, 다르다고 하는 것.

가토 │ 지금도 대다수 일본인은 언어라고 하면 일본어밖에 의식하지 않습니다. 소라이가 일본어를 수많은 언어 중의 하나라고 생각하기 시작했다고 한다면, 그건 무척 흥미로운 점이라고 생각하는데……, 일종의 의식혁명이지요.

마루야마 │ 혁명입니다.

가토 │ 바로 그 부분이 아주 흥미롭습니다. 중국 책이 속속 들어왔으 니 소라이는 신간서적도 알고 있었을 게 분명합니다. 예수회와 중국

『일포사서』 17세기 초 예수회 선교사들이 일본인 신자들의 협력을 얻어 편찬한 사전으로 3만이 넘는 풍부한 어휘가 수록되어 있다. 무로마치(室町) 시대 언어연구의 필독문헌으로 꼽힌다.

은 전부터 접촉이 있어서, 중국 고전의 유럽어 번역이라든가 예수회 선교사들이 가져온 서양 책의 중국어 번역이 나오기 시작한 것도 대략 그 시점이지요. 한역양서의 수입 제한이 풀리자 그 책들도 일본으로 들어옵니다. 아마 그런 것과도 관련이 있을지 모르겠습니다.

마루야마 │ 예수회 시대에는 오히려 일본어 사전이 있었지요.[18]

가토 │ 그렇기는 합니다만 소라이의 시대, 소라이와 그러한 분위기가 어떤 관계가 있을까요? 그 증거를 찾기가 좀 어려워서 말입니다.

비교의 관점

마루야마 │ 그 점은 나도 잘 모르겠지만, 그런 비교의 관점은 이토 도가이(伊藤東涯, 1670~1736)[19]에게도 있었습니다. 도가이의 『조자고』(助字考, 1716) 같은 것 말이죠.

가토 | 이토 진사이(伊藤仁齋, 1627~1705)[20]가 아니라 도가이라고요?

마루야마 | 예, 도가이 말입니다. 진사이는 의미론에만 관심을 가졌을 뿐 언어 자체에 대해서는 거의 주목하지 않았습니다. 반면에 도가이는 문사(文辭)에 탁월했지요. 그의 『조자고』란 결국 '데니오와'(てにをは)입니다. '데·니·오·와' 등의 조사는 일본어의 특색으로서 중국어에는 없습니다. 따라서 일본문법론이랄까 비교문법론이랄 수 있겠지요. 도가이도 소라이와 거의 같은 시대의 사람입니다. 그리고 아라이 하쿠세키(新井白石, 1657~1725)[21]의 일종의 비교사라고나 할까요, 그것도…….

가토 | 하쿠세키는 분명하게 의식하고 있었죠.

마루야마 | 비교문화사라고 할까, 그런 의식이 충분히 있었다고 생각해요. 선교사 조반니 시도티(Giovanni Battista Sidotti, 1668~1714)[22]에 대한 직접 심문을 기록한 책이 『서양기문』(西洋紀聞, 1715년경)이죠. 그래서 다른 문화에 대한 이해는 있었다고 봅니다. 때문에 그 시기는 여러 가지 의미에서 획기적이지요. 번역에 대해서 그 정도까지 방법적인 자각을 하고 있었던 인물은 소라이입니다.

가토 | 하쿠세키는 다른 문화와의 접촉을 거의 체계적으로 또 조직적으로 추구했다고 생각합니다. 그의 저술로는 『에조지』(蝦夷志, 1720)와 『남도지』(南島志)가 있지요. 일본 본도(本島)에 접한 두 개

아라이 하쿠세키와 『서양기문』 아라이 하쿠세키는 일본 포교를 위해 잠입했다가 체포된 이탈리아 선교사 시도티를 쇼군의 특명을 받아 네 차례 심문했는데, 『서양기문』은 그 기록이다.

의 다른 문화, 곧 아이누와 오키나와에 대한 문화지리학적인 기술(記述)입니다. 서양에 대해서는 시도티 심문을 계기로 한 『서양기문』이 있고요. 게다가 일본의 고대문화를 이해하기 위해서 조선 문헌도 사용하고 있습니다. 조선이 중국과는 다르다는 것을 충분히 의식하고 있었죠. 하쿠세키가 다(多)문화적 세계를 염두에 두고 있었다는 점은 분명합니다.

소라이의 시대는 에도 시대를 통틀어 최고의 지식인들이 다른 문화의 존재를 의식한 시대였고, 그 시대의 번역문제에 관해 가장 날카롭게 표현한 사람이 바로 소라이인 셈이지요.

소라이에서 노리나가로

마루야마 | 메이지 초기에 관해서도 마찬가지로 말할 수 있는 것은, 결국 다른 문화의 이질성을 자각하고 그것을 완벽하게 인식하려는 욕구가 강해질 때에 비교적 독창적인(original) 사상이 나온다는 겁니다. 조금 역설적이긴 합니다만 그런 경향이 있어요.

후쿠자와가 그렇고, 소라이가 그렇습니다. "유붕(有朋)이 자원방래(自遠方來)하니 불역낙호(不亦樂呼)아"라는 식으로만 읽고 있어서는 동문동종론(同文同種論) 같은 것이어서 동일한 문명이라는 의식을 갖게 되고 맙니다. 소라이는 그것을 뛰어넘은 것이지요. 그렇기 때문에 만약 소라이가 없었다면 모토오리 노리나가(本居宣長, 1730~1801)는 나올 수 없었을 겁니다. 노리나가가 기본적으로 영향을 받았던 것은 소라이의 읽는 법이라고 할까, 특히 그의 고문사학(古文辭學)입니다.

어떻게 읽는가라는 것과 관련해서 비근한 예를 들자면 이름을 읽는 방법입니다. 실제로 역사를 보다가 두 손 들게 되는 부분이 바로 이름입니다. 음으로 읽으면 아무 것도 아니지만 훈으로는 읽을 수 없는 이름을 옛날 사람들은 아무렇지도 않게 붙였습니다.

가토 | 이와나미쇼텐(岩波書店)에서 펴낸 『고전문학대계』(古典文學大系) 같은 걸 보더라도, 권(卷)에 따라서 상세하게 인명 훈독(訓讀)이 나와 있는 것과 아예 발음이 붙어 있지 않은 것, 두 가지가 있습니다. 읽는 법을 써놓게 되면 전문가들끼리 설왕설래하기 때문에 피해

버리는 거죠. 그래서 일반인들은 읽지도 못합니다.

마루야마 | 두 가지 읽는 법을 다 써두는 것도 좋겠지요. 확실히 이거라고 정하지 않더라도 말입니다.

가토 | 보통 이렇게 읽는다고 해두면 좋으리라 생각합니다.

마루야마 | 일본어는 어려워요. 노리나가는 『고사기』(古事記)를 잘 읽었던 것 같습니다. 『일본서기』(日本書紀)는 궁중(宮中)에서 강독을 해왔으니까 읽는 법의 전통은 계승되고 있었지만, 『고사기』는 사찬(私撰) 서적이기 때문에 당시에는 문제가 되지 않았습니다. 지금이야 『기기』(記紀)라고 묶어서 말하지만, 『고사기』가 거론되기 시작한 것은 노리나가 이후입니다. 거의 혼자서 독해했던 셈이죠. 고대 일본어와 한적(漢籍)에 두루 정통하지 않으면 불가능한 일입니다.

노리나가는 예를 들어 '아메쓰치'(天地)는 天地라는 한자를 일본어 발음으로 읽은 것이라고 주장했지요. '아마쓰 가미'(天つ神), '구니쓰 가미'(國つ神)에서부터 고대 일본어에 '아마'(天), '구니'(國)라는 말은 있다, 그러나 '아메쓰치'는 말하자면 조어(造語)다라고 유추해서 말한 겁니다.

가토 | 그런 것은 자기가 색인을 만들었던 걸까요, 아니면 기억하고 있었던 걸까요?

마루야마 | 당시에 카드 같은 거야 없었겠지만 노트 비슷한 것을 만들었지요. 소라이의 영향 같은 것도 그런 노트에 잘 나타나 있습니다.

가토 | 그래도 발표되지는 않았지요?

마루야마 | 그럼요. 발표된 글에서는 오히려 소라이를 반박하고 있습

모토오리 노리나가와 『고사기전』 모토오리 노리나가는 일본 최초의 『고사기』 주석서인 『고사기전』을 통해 고어(古語)에서 민족적·문화적 기반을 찾고자 했다.

니다. 자신의 고학(古學)은 소라이의 고문사학으로부터 영향받은 거라고들 하지만 그건 말도 안된다고요. 일반적으로 사상사에서 영향을 받은 쪽일수록 그것을 배척하는 경우가 더러 있습니다.

가토 │ 가라고코로(漢心)를 배척한다는 말이지요? 노리나가는 정직하지 않아서 숨기는 것인지라 가장 영향을 받은 인물이 소라이라고 말하지 않습니다. 노리나가는 거짓말을 하는 사람이니까요.(웃음)

마루야마 │ 지쿠마쇼보(筑摩書房)에서 펴낸 『모토오리 노리나가 전집』을 보고 깜짝 놀랐습니다. 내가 패전 이전의 논문에서 소라이학(學)에 대해 썼을 적에는[23] 실질적·객관적인 유사성을 지적했을 뿐입니다. 노리나가가 소라이의 글을 읽고서 실제로 그 정도까지 충격을 받고 영향을 받았으리라고는 예상도 못했거든요. 지금 말한 노리나가의 노트 같은 것은 이 전집에서 처음 본 겁니다.*

이질성에 대한 인식은 가치문제로 전화되어서 일본문화 우월론으로 연결되기 쉽습니다. 하지만 노리나가의 경우에 단순한 일본주의로 빠지지 않은 까닭은, 소라이의 『논어징』을 통해서 다져진 방법론적인 기초가 『고사기전』(古事記傳, 1764~1798)에 있었기 때문입니다. 금언(今言)를 가지고 고언(古言)을 이해해서는 안된다, 지금 쓰는 말의 이미지로 고전을 해석해서는 안된다라는 주장은 두 사람에게 공통적입니다. 역사적인 차이나 이질문화의 이해라고 하는 것이 역사의식이 되어서, 옛 시대를 이해하는 데는 그 시대의 언어체계, 곧 디스쿠르(discoures)를 몰라서는 안된다, 현재의 디스쿠르를 그 시대에 (그대로) 투영하면 알 수 없게 되어 버린다고 하는 사고방식에서는 노리나가와 소라이가 완전히 일치하는 거죠.

가토 | 그래요. 학문적인 방법에서도, 또 텍스트 비교라는 접근방식에서도 비슷합니다. 게다가 그것도 부족해서 노리나가의 경우에는 정말 시가(詩歌)를 지어 보지 않으면 옛 사람의 기분을 알 수 없다고까지 말합니다. 에, 그건 헤이안(平安) 시기입니다만, 어쨌거나 시가를 짓는다고들 하죠. 소라이의 경우에는 당시의 중국어를 공부해서 말하거나 음식물도 중국풍 음식 쪽이 낫지 않느냐 하는 정도까지 나갑니다. 그 철저한 접근방식에서도 비슷하지요.

---

* 노리나가에게는 『소라이슈』(徂徠集)라는 자필 소책자가 있는데, 지쿠마쇼보 판 『모토오리 노리나가 전집』 제9권에 수록되어 있다. 이 책은 오규 소라이의 문장을 발췌한 것이라서 소라이 학설의 영향을 크게 받았음을 분명히 알 수 있다.

마루야마 | 모순되고 있는 부분까지도 비슷합니다. 소라이는 시(詩)에서는 명(明)의 리판룽(李攀龍, 1514~1570)과 왕스전(王世貞, 1526~1593)을 모방해서 한시를 짓지요. 그런데 경학(經學)에서는 한(漢)·당(唐) 이후의 책을 읽지 말라고 합니다. 노리나가는 한편으로 가라고코로(漢心) 이전의 고대로 돌아가라고 하면서도 또 한편으로 가론(歌論)의 경우에는 이미 가라고코로에 젖어들어 있는 『고금화가집』(古今和歌集), 그리고 후세풍(後世風)의 『신고금화가집』(新古今和歌集)을 모방하라고 말합니다.

노리나가에게서 고도론(古道論)과 가도론(歌道論) 사이의 모순이라는 것은 노리나가론의 핵심이지요. 곧 가도론의 경우에 그 모범은 『신고금』인데 이 책은 신대(神代)로부터 훨씬 나중의 시대, 곧 가라고코로에 오염되어 있는 시대의 책입니다. 그런데 고도론의 경우는 신대가 가장 솔직하게 인간성이 구가된 시대인 반면에, 가론의 경우에는 『고금』『신고금』이 시가의 '전성기'로서 최고의 시대가 되는 거죠. 따라서 노리나가의 가도론과 고도론을 어떻게 관련지을 것이냐는 가장 어려운 문제가 됩니다. 내가 고바야시 히데오(小林秀雄)의 노리나가론[24]에서 전혀 배우지 못한 것이 바로 그 문제입니다. 노리나가에 관해 쓸 때에 내가 그렇게 고민했던 문제인데도…….

가토 | 『자문요령』(紫文要領, 1763)[25] 같은 헤이안(平安) 시대 연구라면 시가를 짓는 데 칙선집(勅撰集)을 저본으로 하면 그만이겠죠. 하지만 『고사기』가 최후의 목표라면 만엽풍(萬葉風)이 좋겠지요.

마루야마 | 그러니까 가모노 마부치(賀茂眞淵, 1697~1769)[26] 쪽이

오히려 충실하죠. 마부치는 만엽이니까 말입니다. 그렇지만 노리나가에게는 고금주의(古今主義)가 중요해집니다.

가토 | 확실히 노리나가의 설명방식은 모순되어 있군요.

마루야마 | 우아함(みやび)이 나오니까요.『만엽집』(萬葉集)의 경우는 씩씩한 대장부풍(風)인 반면에『신고금』의 경우는 오히려 우아하고 부드러운 여인풍이 되어 버려서 말이에요.

요시카와 고지로(吉川幸次郎) 씨는 노리나가의 시가가 서투른 것과 마찬가지로 소라이의 시는 당시(唐詩)를 모방해서 지은 탓에 부자연스럽다고 합니다.[27] 두 사람 다 실작(實作)은 서툴지만, 모방을 시론과 가론의 기초로 삼았지요. 가론이 탁월하다는 것과 시가가 빼어나다는 건 다르지만 말입니다.(웃음)

그래도 노리나가란 사람은 알다가도 모를 사람이에요. 그토록 뛰어난 학자가 왜 그런 황당무계한 일본주의를 부르짖었을까요? 하쿠세키와 같은 합리적인 해석도 하나의 해석 태도이고, 신화학(神話學)에 대한 접근방식도 여러 가지 있습니다만, 노리나가처럼 신화를 사실이라고 말하는 건 좀 그렇죠.

다만 그 입론(立論)의 근거는 흥미롭습니다. 언어에 대한 사고방식 말입니다.『다마카쓰마』(玉勝間)[28]에 인간의 성(性)에 대한 언급이 나옵니다. 만약 인간이 없는 세계가 있고 거기서 인간에 대해 말한다고 치자, 그 가운데 아이가 태어날 때까지의 일을 보통의 언어를 사용하지 않고 글로 써보자, 예를 들어서 '젖이 나온다'고 하지 않고, 몇 개월쯤 되니 가슴 부위가 부풀어 영문을 알 수 없는 하얀 즙 같은 것이 나왔다는 식으로. 만일 생식(生殖)에 관해서 이런 식으로 표현한다면 가능할 리가 없다고 생각할 거다, 하지만 사실이 쓰여 있지 않은가? 신대(神代)에 대해 쓰여 있는 기기(記紀)도 마찬가지다, 따라서 신대의 일은 사실이다라고 말합니다. 신대 사람들의 일을 불합리하다고 보는 것은 현재의 언어를 가지고 옛 언어를 해석해서 옛일을 상상하기 때문이라고 생각했던 거지요. 그것은 역시 방법론이라는 게 중요하다는 것을 일깨워줍니다.

가토 | 그런 발상이 있는데도 신화를 사실이라고 하는데다, 『어융개언』(馭戎慨言)[29] 같은 것도 거의 선동에 가깝지요.

마루야마 | 우리가 배운 것은 히라타 아쓰타네(平田篤胤, 1776~1843)를 통해서 본 노리나가입니다. 노리나가 자체를 본다면, 그 학문적 업적은 고립되어 있었던 것 같아요. 노리나가의 일본주의만 거론되고 있을 때에 그의 실증적인 방법론을 논한 무라오카 쓰네쓰구(村岡典嗣, 1884~1946) 씨의 책이 나와서 감동했지요.[30] 쓰다 소키치(津田左右吉, 1873~1961) 씨만큼 명확한 서술방식은 아니지만 대단한 책입니다.

『다마카쓰마』라고 하면, 거기에는 게이추(契沖, 1640~1701)[31]를 칭찬하는 부분이 있는데, 그 방식이 또 재미있어요. 게이추가 아리와라노 나리히라(在原業平, 825~880)가 쓴 난세(辭世)의 시를 격찬하고 있는 겁니다. "결국 가는 길이라고 벌써부터 알았지만, 어제 오늘 일이라곤 생각지도 못한 것을." 죽을 때에 마치 깨달았다는 식으로 시가를 읊는 경우가 있는데 그것은 거짓말이고 나리히라처럼 낭패감을

바바 다쓰이 영문으로 『기초 일본어 문법』을 저술하여 모리 아리노리의 '영어국어화론'을 비판했다.

느끼는 게 당연하다는 거지요. 이미 죽을 거라고는 생각하고 있었지만 그 순간이 그렇게 빨리 찾아오리라곤 생각지도 못했다라는 인간의 진심이 아주 잘 드러나 있다고 게이추가 (나리히라를) 칭찬하고, 그것을 또 노리나가가 야마토다마시(大和魂)라고 칭찬합니다.* 나는 전쟁 중에 강의를 하면서 야마토다마시라는 게 원래 이런 뜻이었던가 하고 생각했던 적이 있습니다.

가토 | 거 참 재미있군요.

마루야마 | 이거 쓸데없는 걸 지껄였습니다. 얘기 순서와 어긋나 버렸어요.

가토 | 꼭 순서대로 할 필요가 어디 있나요?

* 『다마카쓰마』 제5권에 "게이추가 「이 (나리히라의) 시는 인간의 진실된 마음으로서 가르침에도 좋은 시가(詩歌)이다. 후세 사람들은 죽음에 임박하여 거창한 시가를 읊는다거나 마치 도(道)를 깨우쳤다는 식으로 읊어 대지만, 그것들은 전혀 진실된 맛이 없어 좋지 못한 것이다. 평소에야 도리에 어긋난 말과 꾸민 말을 섞어도 그만이지만 이제 죽을 때만은 진심으로 돌아갈지어다. 이 조신(朝臣 나리히라)은 일생의 진실을 이 시가에 드러내고 후세 사람들은 일생의 거짓을 드러내며 죽는다」고 말할 수 있음은 승려의 말 같지 않게 정녕 진실하다. 야마토다마시를 가진 사람은 법사처럼 이렇게 훌륭했다"라고 되어 있다. 아리와라노 나리히라의 시가는 『고금화가집』 제17권에 수록되어 있다.

왜 번역주의를 택했나?

가토 | 그런데 메이지 시기의 일본에서는 왜 번역주의를 택했던 걸까요?

마루야마 | 잘 아시다시피 자유민권운동의 투사인 바바 다쓰이(馬場辰猪, 1850~1888)[32]는 영국으로 유학을 갔습니다. 그는 영문으로 된 『기초 일본어 문법』(*Elementary Grammar of the Japanese Language, with, Easy Progressive Exercises*)이라는 책을 펴냅니다. 이 책은 아마도 최초의 체계적인 일본어 문법사전일 겁니다. 연습문까지 약간 들어가 있어요. 일본어에 grammar라는 뜻에서의 '문법'은 없었지만, 바바는 유학 중이었기 때문에 영어로 일본어 grammar를 썼습니다.

모리 아리노리 '영어 국어화론'의 주창자로서 근대 일본의 국가주의적 교육제도를 확립한 인물.

가토 | 1873년(메이지 6)이지요.

마루야마 | 그렇습니다. 영국에서 출판했지요.

가토 | 출판사는 어딥니까?

마루야마 | 여러 곳에서 출판했는데, 초판이 트리뷔너 앤 컴퍼니(Tribüner and Company)라는 독일계 영국 출판사입니다.

가토 | 간행된 곳은 런던입니까?

마루야마 │ 예, 1888년(메이지 21)에는 증보판도 나오는데, 이 판에서는 서문이 약간 바뀌어 있습니다. 원래의 서문은, 지금 가토 씨가 말한 '왜 번역주의인가'에 대해서 답하고 있지요. 사실 이 글은 모리 아리노리(森有禮)에 대한 반박입니다.

모리는 모리대로 『일본의 교육』(*Education in Japan*)이라는 유명한 책을 출간했습니다. Series of Letters, 곧 그의 서간문 시리즈인데, 뉴욕 애플턴(D. Appleton) 출판사에서 1873년 1월에 나왔습니다. 이 책의 서문에서 모리는 '영어를 국어로 삼자'고 하는 유명한 주장을 폈지요. 야마토 말에는 추상어가 없기 때문에, 야마토 말을 가지고서는 도저히 서양문명을 일본 것으로 만들 수 없다, 그러므로 이 기회에 차라리 영어를 국어로 채용하자는 주장이지요. 거기에 대한 반박이 이 바바의 서문인 겁니다. 이 글은 무척 재미있습니다. 만일 일본에서 영어를 채용한다면 어찌될 것인가, 상류계급과 하층계급 사이에 말이 전혀 통하지 않게 되고 말 것이다라는 의견을 바바는 개진하고 있습니다.

가토 │ 그거 대단하군요. 지금도 인도가 안고 있는 큰 문제 가운데 하나가 계급간의 깊은 골이지요. 그 첫번째 요인은 경제적 격차이고, 두번째 요인이 언어입니다.

마루야마 │ 굉장하지요. 바바는 인도의 예를 적확하게 증거로 삼아서 상층이든 하층이든 국민은 모두 같은 언어를 사용하지 않으면 안된다고 말합니다.

가토 │ 인도에서는 어떤 지역에도 통하고 어떤 계급에도 통하는 언어가 없었죠. 정치가가 전국 유세를 할 때 영어로 말하면 지역 차를 넘어서 어디든지 통하지만, 그것은 상층계급 사람들에게만 해당되는 이야기입니다. 특정지역의 언어로 말하면 그 지역 사람들은 계급을 초월해서 누구나 알아들을 수 있지만, 다른 지역 사람들에게는 전혀 통하지 않습니다. 그것은 쉽사리 해결할 수 없는 딜레마였지요. 조건이 다른 일본에서 굳이 영어를 도입하는 것은 어리석은 짓이다라는 거지요.

마루야마 │ 모리처럼 영어를 국어로 삼자고 하는 주장도, 지금 가토 씨가 말한 것과 같은 시대였기 때문에 매우 흥미롭습니다. 바바는 언어가 달라져 버리면 하나의 나라를 이룰 수 없을 뿐더러, 하층계급의 대다수가 국사(國事)라는 중대문제로부터 배제당하고 말 것이라는 우려를 표명했지요. 결국 영어를 제것으로 만들기란 어려운 일이니까 일반대중과 엘리트의 언어 두 개가 생겨나고, 중요한 일을 모두 영어로 처리하게 되면 영어를 쓰는 엘리트만이 국사를 담당하게 되고 만다, 결국 대중은 국사로부터 소외당할 것이라고 말합니다. 그런 내용의 긴 서문을 쓴 거지요.

가토 │ 사회를 상하의 계급적 구조로 보는 것, 그 계급을 각자의 문화와 결부시켜 생각하는 것—그건 당시에 그 누구도 명료하게는 의식하지 못하고 있던 통찰입니다.

마루야마 │ 그런데 영어채용론이라는 것은 현실적으론 문제 밖이었기 때문에, 1888년판 서문에서는 그 구절을 삭제해 버립니다. 결국 모리에 대한 반박이었으니까 말이죠. 메이지 6년 단계에서는 아직 어찌될는지 알 수 없었습니다. 혼돈상태에 있을 때니까요. 그렇지만 메이지 21년이 되면 이제 영어를 국어로 하자는 식의 주장은 나올 수 없게 됩니다. 그래서 그 부분을 삭제해 버렸던 거죠.

바바가 죽은 뒤인 1901년(메이지 34)에 제3판이 나옵니다. 이 책의 내용을 보면 증보판에서는 예문이 많이 늘었고 일본어의 용례가 재미있습니다. "무엇무엇입니다"라고 일본어를 로마자로 표기하고 거기에 영어가 쓰여 있는 식의 용례들이지요. 일본어에 대한 설명 가운데 재미있는 것은 preposition = 전치사 부분인데, 이것은 원래 postposition이라고 해야 한다라고 되어 있습니다. 일본어에서는 '에도(江戶)로 갑니다'라고 (명사 등의) 뒤에 붙기 때문에 사실은 후치사라고 해야 하지만 거기에 해당하는 영어가 없어서 영국인이 알 수 있도록 편의상 프리포지션이라는 말을 쓴다, 그래서 '〜에(に)' 또는 '〜로(へ)' 등을 설명하면서 후치사라는 말이어야 마땅하다고 일부러 강조해서 말하고 있는 거죠. 이건 대단한 겁니다.

가토 ｜ 선견지명이로군요. postposition이라는 말을 지금은 쓰고 있으니까요.[33)]

마루야마 ｜ 미래형이나 과거형에 대한 문법적 설명도 재미있습니다. 그 중에는 상당히 무리한 것도 있습니다만. 뭐, 무리가 없을 수 없겠지요. 처음으로 시도한 것이었으니까……. 그리 두꺼운 책은 아닙니다. 이와나미 판 『바바 다쓰이 전집』에 전부 수록되어 있죠. 야스나가 고로(安永梧郎)가 번역했던가요? 야스나가란 사람은 바바의 전기(傳記)를 처음 쓴 사람이지요.(『馬場辰猪』, 東京堂, 1897) 절판이 되었다가

최근에 미스즈쇼보(みすず書房)에서 복각판이 나왔습니다.[34]

한편 바바는 모리의 견해에 반쯤은 찬성하고 있습니다. 그는 영국 유학생이었기 때문에 영어에 대해서만 말하고 있는데, 야마토 말에 비해서 영어 쪽이 사물을 논리적으로 말할 수 있어 유리한 점이 많다고 했던 거지요. 하지만 동시에, 자, 그럼 (일본어에는) 나쁜 것밖에 없는지 생각해 보면 일본어 쪽이 뛰어난 점도 있다고 말합니다. 그게 걸작이에요. 예를 들어서 '야마'(山)는 mountain이지만, 일본어에서는 그 밖에도 금전상의 이익을 목적으로 하는 시도를 '야마오 아테루'(ヤマを當てる, 노다지를 캐내다―옮긴이)라고 말한다, 이것을 영어로 표현하려면 장황해지지만 '야마오 아테루'라고 한마디로 말할 수 있는 것은 일본어의 장점이다라고 말입니다.(웃음) 걸작이죠. 장점인지 아닌지는 논외로 치더라도요.

번역과 급진주의

마루야마 | 아무튼 번역문화의 도래라는 것은 상상하는 이상으로 빨라서 그 영향도 컸습니다. 얼마 전 오랜만에 야스오카 쇼타로(安岡章太郎) 씨와 만나 잡담을 나누었는데, 후쿠자와 유키치와 그의 사상적 제자인 우에키 에모리(植木枝盛, 1857~1892)의 차이는, 후쿠자와가 외국책을 원서로 읽은 데 반해서 우에키는 외국어를 읽지 못해 번역으로 읽은 것이라고 합디다. 야스오카 씨의 견해입니다만, 번역으

『사회평권론』
제목을 이상하게 번역하는 바람에 자유
민권운동가들의 성전이 된 책.

로 읽는 쪽이 더 급진적이라는 거예요.(웃음) 인텔리의 급진주의는, 그의 표현으로는 자유민권이나 사회주의 관련 책자를 번역본으로 읽었던 것과 관계가 있다는 겁니다.

그 지적이 틀렸다고만 할 수 없는 예가 스펜서(Herbert Spencer, 1820~1903)의 『사회정학』(社會靜學 *Social Statics*)이지요. 마쓰시마 쓰요시(松島剛, 1854~1940)가 『사회평권론』(社會平權論)이라 번역했는데, 이 번역은 좀 이상합니다. statics란 표현은 dynamics와 반대되는 말로서 '정태학'(情態學)이라는 의미인데 '평권론'이라고 번역해 놓으면 마치 '평등주의'인 양 받아들이게 되지요. 그래서 스펜서의 *Social Statics*는 자유민권운동가의 성전(聖典)이 되어 버린 겁니다.* 그것은 제목을 어떻게 번역하느냐와 관계가 깊습니다. 스펜서는 나중에는 더 보수적이 됩니다만 그 당시에도 결코 급진적이진 않았습니다. 스펜서의 사회학

* 스펜서는 영국의 사회학자·철학자. 자연계의 법칙을 사회현상에 적용한다는 발상으로 사회유기체설·사회진화론을 제창한 것으로 유명하다. 메이지 10년대 일본에서 가장 영향력 있는 사상가 중 한 사람이었다. *Social Statics*의 원저는 1851년에 간행되었다. 1881~1884년(메이지 14~17) 마쓰시마 쓰요시 번역의 『사회평권론』으로 간행되자 폭발적인 판매고를 올려 "몇십만 부가 팔렸는지 모른다"고들 했다. 이타가키 다이스케(板垣退助, 1837~1919)가 '민권의 교과서'라고 평가한 것은 유명한 일화다.

은 모두 균형론이기 때문에 탈콧 파슨스(Talcott Parsons, 1907∼1979)의 선구자라고 할 수 있는 인물이죠. 그런데도 제목을 '평권론'이라고 번역해 놓으니 성전이 되고 말았습니다. 그러니 번역이라는 데는 생각지도 못한 효과가 있는 거지요.

가토 | 우에키 에모리가 원서를 읽지 않았다는 건 정말입니까?

마루야마 | 읽지 못했다는 거지요. 야스오카 씨 자신도 〔바바처럼〕 도사(土佐) 출신이고 해서 당시 사정을 여러 모로 조사하고 있지요. 거기에 따르면, 난 몰랐던 거지만, 바바 다쓰이의 영국 유학은 도사 번에서 보낸 것이긴 하지만 처음부터 선발되었던 건 아니랍니다. 애초에 선발된 사람이 에도에서 출발하기 며칠 전에 요시와라(吉原) 유곽(遊廓)에 놀러 갔다가 말썽을 일으켜 할복(割腹)을 하게 되었답니다.(웃음) 뾰족한 대안이 없어서 보결(補缺)로 바바 다쓰이가 뽑힌 거지요. 야스오카 씨는 최초의 후보생이 할복하게 된 경위를 글로 써볼 생각이었지만 자료가 부족해서 소설이 되질 않는다고 말하더군요.

그런데 바바가 선발되었을 적에 그의 나이는 19세 가량입니다. 너무 어린 나이에 유학을 갔던 탓인지, 하기하라 노부토시(萩原延壽, 1926∼2001) 씨도 자주 지적하고 있습니다만, 바바는 한문 실력이 없었습니다. 놀라운 일이지만 없었어요. 그 점에서는 나카에 조민(中江兆民, 1847∼1901)과는 전혀 다릅니다. 그래서 바바에게는 한문 소양이 전제가 되는 당시의 일본어보다 영어 쪽이 훨씬 더 사용하기 쉬웠던 거지요. 앞에서 말했던 『기초 일본어 문법』 이외에 조약개정론(條約改正論) 같은 것도 영어로 썼습니다.

바바는 영국으로 두 번 유학간 뒤에 자유민권운동의 투사가 되어 체포됩니다만, 마지막에는 거의 망명해 버립니다. 출옥해서 바로 미국으로 가니까요. 그는 일본 최초의 정치적 망명가가 아닐까요? 당시에 주미 일본 공사가 모리 아리노리라서, 메이지 정부가 바바에 관한 정보를 모리에게 자주 보냈습니다. (모리는 바바를) 돌려 보내려 했지만 번벌정부에 대해 험담을 해대는 인물인지라 그럴 수도 없었지요.* 미국에서 마지막까지 자유민권사상을 설파하다가 죽었습니다.

가토 ｜ 우에키 에모리는 외국에 간 적이 없나요?

마루야마 ｜ 예, 없습니다. 자유당 계열은 대부분 그랬지요. 자유민권파는 후쿠자와 같은 사람들보다 한 세대 뒤의 사람들입니다. 조민은 그 가운데서 예외인 편이죠. 파리 코뮌(1871) 때에 나갔습니다. 정치소설인 『경국미담』(經國美談)을 쓴 야노 후미오(矢野文雄, 1850~1931)[35] 같은 인물은 해외 경험이 있지요. 개진당(改進黨) 계열은 정부에 참여하다가 1881년(메이지 14) 정변 때문에 추방되어 자유민권운동에 참여해 당을 결성합니다. 그때까지는 정부에 있었기 때문에 외국으로 갈 기회가 많았던 거지요.

---

* 바바 다쓰이가 만년(晩年)에 저술한 영문 소책자인 『일본의 정치 상황』(*The Political Condition of Japan*)에는 표지에 굳이 로마자로 "Tanomu tokoro wa tenka no yoron. Mezashu kataki wa bogiyaku seifu." (의지할 곳은 천하의 여론. 지향할 적[敵]은 폭학[暴虐] 정부)라고 인쇄되어 있다.

『역서독법』에 대하여

야노 후미오 메이지 초기의 저널리스트. 신문의 대중화에 힘썼고 정치소설 『경국미담』으로 유명하다.

마루야마 ｜ 그런데 지금 이름을 거론한 야노 후미오가 번역서를 어떻게 읽을 것인가 하는 『역서독법』(譯書讀法)이란 책을 씁니다. 1883년(메이지 16)에 호치샤(報知社)라는 출판사에서 나왔는데, 구판 『메이지 문화전집』(明治文化全集)[36]의 '외국문화 편'에 수록되어 있습니다. 이 책은 정말 재미납니다.

밝혀두기(識文, 사본 등에서 본문 뒤나 앞에 그 책의 내력, 베낀 날짜 등을 써넣은 것)에 "이즈음 역서 출판이 성황을 이루어 그 권수가 몇만에 이르니 한우충동(汗牛充棟)이 무색할 지경이다"라고 쓰여 있지요. 번역의 홍수였던 겁니다. 온통 번역의 홍수에 빠져 있었죠. 오늘날과 같습니다. 번역이 몇만 권이라는 건 좀 과장된 표현이지만, 이미 번역문화의 시대가 되었던 겁니다. 그런 상황을 전제로 해서 이 책이 나온 거지요.

가토 ｜ 그거 재미있군요. 메이지 16년입니까?

마루야마 ｜ 왜 야노 후미오가 그런 책을 썼을까요? 『메이지 문화전집』이 쇼와(昭和) 초기에 처음 나왔을 때 야노는 아직 살아 있었기 때문에 그로부터 들은 바를 적어놓은 기록이 남아 있습니다. 야노는 오이타(大分) 현 출신인데, 오이타 현의 쓰루타니(鶴谷)란 곳에 역서주람

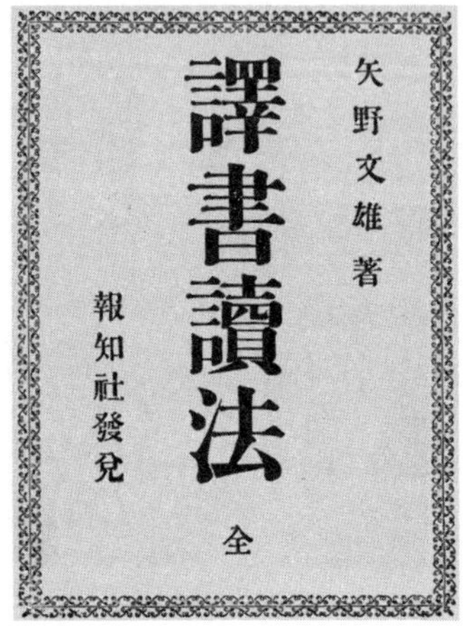

『역서독법』 메이지 시기 '번역의 홍수'를 어떻게 헤쳐 나가야 할지를 제시한 야노 후미오의 안내서.

사(譯書周覽社)라는 게 생겨납니다. 향리(鄕里) 사람들이 당시에 영·미의 순회도서관(circulation library)을 본떠서 독서회를 만든 거지요. 구성원은 열 명 남짓이었고 서로 돌려가며 읽는 라이브러리였습니다. 『역서독법』의 밝혀두기를 쓴 요시우라(吉浦) 아무개라는 사람이 중심이 되어서 조직했어요. 그런데 도무지 무슨 책부터 어떻게 읽으면 좋을지 몰라서 야노에게 가르침을 부탁했던 거죠. 그래서 이 책을 저술한 겁니다.

실제로 야노는 이 요시우라 아무개에게 여남은 권의 책을 줍니다. 책을 주면서 동시에 독서법을 써서 출판했는데, 그게 바로 이 책이지요. 맨 처음에 나오는 일러두기(例言)는 야노가 직접 썼는데, 어떤 책을 먼저 읽고 다음에 무엇을 읽을 것인가에 대해 쓰고 있습니다. 마지막으로 구체적인 책 이름이 한참이나 열거되지요. 지리부터 시작해서 역사라거나…….

가토 | 그 정도로 번역이 나와 있었던 셈이군요.

마루야마 | 무엇을 선택했는가도 흥미롭습니다만, 아무튼 대충대충 넘어가지는 않았던 것 같습니다. 야노 후미오는 내무성(內務省) 도서국(圖書局)에 납본된 '역서 목록'을 일일이 조사해서 실제로 그 책을 대조해 보고 있으니까 말입니다. 그래서 호언장담하면서 쓰고 있는

거지요. 책 제목만 보고 열거한 건 절대 아니라면서……. 더구나 '역서 목록'말고도 "수천 부를 하나하나 세밀히 조사해서" 썼다고 하니까 굉장하지요. 밝혀두기에서 말한 '몇만 권'까지가 아니라 '몇천 권'이라고만 해도 정말 대단한 겁니다. 이 책에서 열거하고 있는 책들은 모두 꽤 수준 높은 책들입니다. 그런 책이 이미 몇천 권씩이나 번역되어 있었던 거예요.*

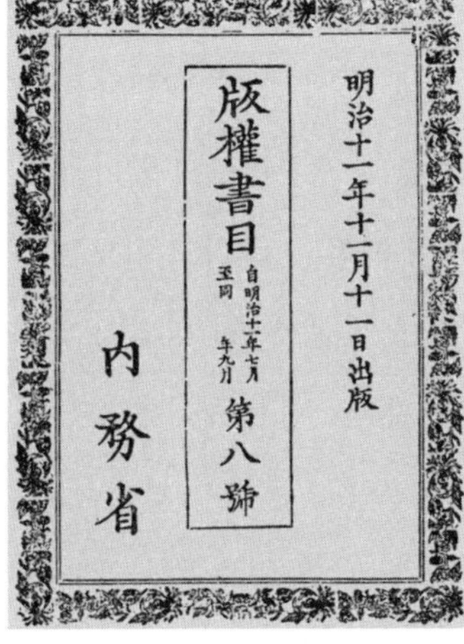

『판권서목』 메이지 정부의 내무성 도서국이 판권이 있는 서적들의 목록을 엮은 책. 1876년부터 1883년까지 모두 27호가 발간되었다.

가토 | 분야는 전반적으로 걸쳐 있습니까?

마루야마 | 자연과학에서부터 지리 등에 이르기까지 전부입니다. '듬

---

* 『역서독법』 서문에는 "이즈음 번역서 출판이 성황을 이루어 그 권수가 몇만에 이르니 한 우충동이 무색할 지경이다. 실로 바람직한 일이라 하지 않을 수 없다. 그렇지만 이점(利點)과 폐단(弊端)은 함께 하는 법인지라, 역서도 이를 면할 수 없는 법. 역서가 많아질수록 세상 사람들도 역서를 읽는 앞뒤 순서가 헷갈리거나 책 이름만 알 뿐 속 내용을 모른다. 무슨 일을 알려면 어떤 책을 읽어야 될지, 또 어떤 책이 같은 종류의 책 중에서 제일 유익한지 알 수 없는 지경에 이른다. ……이번에 난포(南豊) 쓰루타니의 사인(士人)이 함께 도모하여 역서주람이라는 모임(社)를 결성하고 야노 선생에게 집필을 의뢰하여 유익한 역서를 보내 주십사 청했다"고 되어 있다. 또 야노가 직접 쓴 이 책의 일러두기를 보면 "열거한 역서의 목록은 내무성 도서국에 납본된 역서 총목록과 메이지 초기 이래의 『판권서목』(版權書目) 등에 의거해서 몇천 권을 일일이 세밀하게 조사했으며, 유익하다고 생각되는 역서는 모두 하나하나 실물을 열람한 뒤에 선정한 것이다. 그저 책 이름만 보고 기재한 부류의 책이 아니다"라고 적혀 있다. 쓰루타니란 오이타 현 사이키(佐伯) 군의 다른 이름이라고 한다.(『메이지 문화전집』 해제)

성'(疎)한 것에서부터 '촘촘'(密)한 것으로 나가야 한다고 말합니다. 우선 '듬성'한 것에서부터…….

가토 | 개론(概論) 말이군요.

마루야마 | 그리고 야노는 『역서독법』 제일 마지막 부분에서, 역서를 읽는 데 두 가지 방법이 있다고 말합니다. '정해(精解)의 법'과 '소달(疎達)의 법'이죠. '정해의 법'은 깊이 있게 읽는 것이고 '소달의 법'은 좀 모르는 부분이 있더라도 뛰어넘어가고 많은 책을 읽는 것을 말합니다. 요즘 말로 정독(精讀)과 다독(多讀)이 되겠습니다만, 두 가지 다 장단점이 있다고 합니다. '정해의 법'은 많이 읽을 수 없고 '소달의 법'은 읽는 방식이 거칠다. 두 가지 방법을 균형 있게 취해야만 한다는 겁니다.

그리고 '연결'(連結)이라는 말을 사용했던 것 같은데, 여러 장르의 책들을 스스로 연관지어 가면서 읽는 방법을 가리킵니다. 예를 들어서 지리책에 이탈리아라는 곳이 나옵니다. 일단 이탈리아를 기억해둡니다. 지중해 쪽으로 가면 카르타고라는 곳이 나오지요. 카르타고가 여기에 있었구나 기억해둡니다. 그 다음에 역사책을 읽을 때 한니발이 알프스를 넘어갔다고 쓰여 있었다고 하면, 이것을 이해하기 위해서는 연결의 방법에 의해 지리와 역사를 결합시켜야 한다. '카르타고에서 로마로 쳐들어갔다'고 되어 있으면, 지리책을 보고 '아, 여기구나. 여기서부터 한니발이 이런 식으로 돌아가서 알프스를 넘어 로마로 공격해 들어갔구나'라고 세계지도에서 확인하면 잘 알 수 있다는 말이죠.

가토 | 당시에 역사를 읽는 사람들의 일반 교양이랄까 지식은 어느 정도였을까요? 요즘 어린이들처럼 이탈리아가 어디 있는지 학교에서 배웠던 때가 아니니까, 이탈리아도 알프스도 전부 새롭게 알지 않으면 안되었던 걸까요?

마루야마 | 그래도 초등학교에서…….

가토 | 이탈리아를 알고 있었을까요?

마루야마 | 지리는 특히 빨랐지요. '이제 만국(萬國)의 정세를 몰라서는 안된다'라고 해서 지리도, 서양사도 아주 빨리 나옵니다.

　아무튼 내가 아주 재미있다고 생각한 것은, 지리를 읽을 때는 지리만, 역사를 읽을 때는 역사만 해서는 안된다고 했다는 겁니다. 참으로 대단한 식견이지요. 지리는 지리로 암기하고 역사는 역사로 암기해서는…….

가토 | 한도 끝도 없고 말이죠.

마루야마 | 그렇죠. 이 책이 도대체 얼마나 읽혔을지는 알 수 없습니다만, 번역의 홍수에 대응하는 방식은 지금보다 오히려 당시에 더 문제가 되지 않았을까요?

가토 | 아무래도 그랬겠죠.

마루야마 | 지금은 뭐든지 번역하고 그게 마치 당연한 일처럼 되어버렸으니까 말입니다.

가토 | 그렇긴 하지만 메이지 초기에 이미 번역된 책이 많지 않았습니까?

마루야마 | 바로 그렇기 때문에 모리 아리노리의 '영어 국어화론' 같

은 경우에도, 왜 모리처럼 번역주의에 반대하는 견해가 있었는가 하는 점이 중요하다고 생각합니다.

가토 | 나는 꽤 오래 전부터 메이지 사람들이 극심한 번역의 홍수 속에서 살았던 게 아니라 오히려 번역서가 너무 적었기 때문에 좋든 싫든 영어로 읽었던 게 아닐까 하고 생각했습니다. 그래서 대략 이렇게 생각하고 있었지요. 메이지 시대는 번역이 적었지만 다이쇼(大正) 시대가 오면 엔본(円本)[37] 시대를 맞아 번역서의 홍수 상태가 된다, 당연히 원문(주로 영문)을 읽는 사람이 적어진다, 간단히 말해서 지식은 넓어졌지만 깊이는 얕아져 버렸다, 메이지 사람들의 구미문화에 대한 터득 방식에 어떤 깊이가 있었던 것은 원문에 근거해야만 했다는 점과 어떤 관계가 있을 것이다라는 식으로 말입니다.

마루야마 | 그렇지는 않았던 거죠.

가토 | 메이지 사람들이 꼭 원문을 읽었던 건 아니다, 번역된 책을 손쉽게 구할 수 있었다라는 거군요. 하지만 문학 같은 경우에는 역시 엔본 시대 쪽이 많이 번역되지 않았습니까?

마루야마 | 대중문화는 그렇죠. 이와나미 문고(岩波文庫, 1927년부터 발간)는 그런 의미에서 획기적이었어요. 나도 외국문학은 대개 이와나미 문고본으로 읽었습니다. 그래도 구제(舊制) 고등학교 같은 데서는 '원서를 읽지 않으면 진짜가 아니다'라는 분위기가 있었잖습니까? 뭐, 엘리트주의라고 한다면 엘리트주의겠습니다만, 원서를 읽으라는 얘기를 번번이 들었지요. 나도 문학 같은 것은 '내 본업(本業)이 아니니까' 하는 생각에서 번역으로 읽었지만, 자기 전문 영역이 되면 역시

원서를 읽어야지요. 그런 구석이 분명히 있습니다.

가토 | 이와나미 문고의 힘은 역시 컸어요. 어찌되었든 국제적인 공간의 너비와 역사적인 시간의 깊이가 있었죠. 공간의 너비는 유럽 언어에 편중되어서, 아랍어나 아시아 언어—중국 고전은 다르지만—로 된 문헌으로는 거의 파급되지 않았고, 역사적으로는 중세 시기가 적었다든가 하는 그런 한계도 있기는 합니다만, 이와나미 문고로 플라톤도, 데카르트도, 도스토옙스키도, 괴테도 읽을 수 있었으니까 말입니다.

2
무엇을 어떻게 번역했나

왜 역사책이 많이 번역되었을까?

마루야마 | 1887년(메이지 20)까지의 번역에 대해 내 인상을 말하자면, 첫째로 역사책이 많다는 겁니다. 왜 만국사(萬國史)의 번역이 그토록 많았을까? 막말에 나온 팔리(Peter Parley, 1793~1860)[1]의 『만국사』(*Universal History*)를 비롯해서 정말 많아요. 지리책이 많은 건 이해가 갑니다. 개국을 맞아 어떤 나라가 어디 있는지 몰라서야 안심이 안되니까 말이죠. 하지만 왜 『만국사』나 버클(Henry T. Buckle, 1821~1862)의 『영국 개화사』(英國開化史), 기조(François Guizot, 1787~1874)[2]의 『유럽 문명사』(歐羅巴文明史) 같은 데 주목했던 걸까요?*

가토 | 그건 훨씬 전부터 한 나라를 이해하려면 그 나라의 역사를 알

---

* 버클의 『영국 개화사』는 1875년(메이지 8) 메이지 정부의 번역국이 역술(譯述)하고 인쇄국이 간행했다. 실제 역자는 오시마 사다마스(大島貞益, 1845~1914)이며, 원서명은 *History of Civilization in England*이다. 이 책은 당시 최신 학문이었던 통계학의 방법을 채용해 역사 속에서 법칙성을 찾아내려 한 대저(大著)로서, 제1권은 1857년, 제2권은 1861년에 간행되었는데 미완성으로 그쳤다. 메이지 정부의 사업으로서 오시마의 번역이 나오기 한해 전에 『메이로쿠 잡지』(明六雜誌), 『민간잡지』(民間雜誌)에 초록이 발표되었다. 기조의 『유럽 문명사』는 메이지 초기에 정부와 민간을 합해 세 종류의 번역이 나왔는데, 1874년부터 1877년까지 간행된 나가미네 히데키(永峰秀樹)의 번역본이 가장 많이 유포되었다.〔그 밖에 荒木卓爾·白井政夫 譯, 西周 閱, 『泰西開化史』; 西村茂樹, 「西語十二解」(『明六雜誌』에 연재)가 있다―옮긴이.〕 이는 프랑스어 원저가 아니라 헨리(C. S. Henry)의 영역본(1842)을 중역한 것이다. 원저는 *Historia de la civilisation en Europe depuis la chute de l'Empire romain jusqu'à la Révolution française.* 1828년에 파리 대학에서 한 강의록으로서 1830년까지 간행되었다. 문명의 완성을 향한 보편적 발전이라는 계몽적 진보사관에 입각한 저서인데, 정치가로서의 기조는 온건한 입헌군주제를 지지하여 7월 왕정 때에는 수상이 되었다.[3]

『메이로쿠 잡지』와 『민간잡지』 일본 최초의 계몽사상 단체 메이로쿠샤의 기관지와
후쿠자와 유키치가 게이오 의숙 출판사에서 간행한 대중잡지.

아야 한다는 생각이 강했기 때문이 아닐까요?

마루야마 | 단순히 실용주의라고만 설명할 수는 없겠죠.

가토 | 실용주의는 아닙니다. 이미 에도 시대에 지지(地誌)라는 사고 방식이 강했어요. 지지의 중심은 역사입니다. 외국을, 어떤 지역을 살펴보는 데 언어학적인 접근방식이나 문화지리학적 접근방식, 또는 인류학적 접근방식이 있습니다만 역사학적 접근방식이 전통적으로 가장 강했던 게 아닐까요? 지적인 흥미로 어떤 나라를 바라볼 때 염두에 둘 것은 그 나라 사회문화의 배경에 어떤 역사가 있을까 하는 식이 아니겠습니까?

마루야마 | 그랬기 때문에 후세의 시대보다 훨씬 정확하다고 생각하는 거죠.

가토 | 그건 그렇죠. 이후 시대가 될수록 역사에 대한 관심이 약해져

왔던…….

마루야마 | 우선 역사를 알지 않으면 안된다는 것, 그건 유럽에서는 상식입니다만.

가토 | 그것은 유학자의 상식이기도 하지 않을까요?

마루야마 | 글쎄, 그럴까요…….

가토 | 중국에서도 유학자의 상식은 그렇지요.

마루야마 | 음, 그건 그래요. 아무튼 직접 도움이 되지 않더라도 문명개화의 역사적 연혁을 알고자 한 것이 나는 중요하다고 생각합니다. 역사책은 크게 나누면 만국사와 각국사인데, 팔리의 『만국사』는 내용이 구미(歐美) 중심입니다. 오늘날의 관점에서 보자면 구미사관이라고도 말할 수 있겠지만. 각국사로는 영국·프랑스 외에 깜짝 놀랐던 게 그리스사와 로마사지요. 예컨대 몽테스키외(Montesquieu, 1689~1755)의 『로마인 성쇠 원인론』(*Considérations sur les causes de la grandeur des Romains et de leur décadence*, 1734)이 메이지 16년에 세 권짜리 『로마 성쇠기』(ロ―マ盛衰記)로 번역됩니다. 로마의 위대성과 데카당스를 번역하자거나 고전고대를 알자는 것은, 아까도 말했듯이 안이한 실용주의에서 나온 게 아닙니다. 유럽 문명의 유래를 기본부터 탐구하자는 자세가 없으면 불가능해요.

가토 | 그렇습니다. 특히 일본의 경우에는 천년의 역사를 가진 중국이 가까이 있어서, 그 문명을 받아들일 때에 항상 역사적인 접근방식을 취했습니다. 유학자가 중국사에 의식적이었기 때문에 문명을 이해하는 것은 곧 역사를 이해하는 것이라고 하는 일종의 문명적 습관이

몸에 배어서, 서양을 볼 때『삼국지』대신에 무엇이 있나, 어떤 사회 구조가 있고 어떤 왕조의 흥망이 있나에 유념하게 됩니다. 이를테면 중국 모델에 대한 일본측의 학습 유형이 평행 이동했다는 측면이 있지 않을까요?

마루야마 ┃ 바로 그렇기 때문에, 역으로 중국이 더 이상 모델이 아니게 되자 비속한 현대주의와 실용주의가 만연하게 되지요.

가토 ┃ 일본인이 점점 중국어를 하지 못하게 되고 유학이 쇠퇴함에 따라 역사적 관심도 사라져 갔다고 하는 것, 그것은 나중에 중국 연구의 방법도 서양식에 적응했다고 하는 설명방식에 대한 일종의 방증이 되리라 생각합니다. 아무튼 급속히 쇠락하지요. 한문 독해력도, 역사에 대한 관심도 말입니다.

마루야마 ┃ 역사적 배경을 알자고 하는 동기부여가 없어졌죠.

가토 ┃ 역사에 대한 일본의 관심은 오늘날 이만저만 낮은 게 아닙니다. 유럽 나라들은 말할 것도 없고 이젠 미국인보다도 낮지 않을까요? 서구 입장에서 보면 미국 같은 경우는 역사 축에도 못 끼지만, 그래도 미국인 쪽이 아직 더 낫다고 봐요. 메이지 초기의 일본인은 세계에서 가장 역사적 감각이 예리했다는 생각이 듭니다. 외국 문명에 접하면 그것을 바로 역사적 문맥(context) 속에 두고 보려는 경향에 있어서 말입니다.

마루야마 ┃ 그게 지금은 뒤집혀 버린 거지요. 첫번째 원인이 한학(漢學)의 쇠퇴에 있다고 한다면, 두번째 원인은 학교와 시험제도에 있다고 생각합니다. 우리는 학생시절부터 역사는 암기과목이라고들 해서 싫어했습니다. 역사감각과는 전혀 관계도 없는 것을 기를 쓰고 외우는 동안에 모두들 역사에 싫증이 나 버리지요. 시험제도와 연결된 그런 역사교육의 영향이 지대하다고 생각해요. 패전 이후에 훨씬 더 가속화되긴 했지만, 결코 그때 시작된 일은 아닙니다. 우리 때에도 '진무(神武), 스이제이(綏靖), 안네이(安寧), 이토쿠(懿德), 고쇼(孝昭), 고안(孝安), 고레이(孝靈), 고겐(孝元)……'이라고 역대 천황을 전부 외웠으니까.

역사를 중시한 것은 일본 유교의 특성일까?

가토 | 유교적 세계에서는 가계(家系)가 중요하죠. 나라의 역사가 중요한 것도 그것과 연관되는 거 아니겠습니까? 거칠게 말해서, 중국적 또는 유교적인 틀 속에서 어떤 시대의 어떤 사회를 이해하고자 한다면 제일 먼저 역사적인 파악 방식을 취하는 게 아닐까요?

마루야마 | 그것도 유교이긴 하지만, 동시에 일본적인 유교이기 때문이라고 생각합니다.

가토 | 그럴까요…….

마루야마 | 중국의 경우에는 결국 '경(經)' '자(子)' '사(史)' '집(集)'입니다. 이 중에서 가장 중요한 것은 '경'이죠. 다음으로 '자', 그리고 세번째로 '사'가 오고, 마지막이 '집'입니다. 모든 인류가 '경' '자' '사' '집'인데 우선은 '경', 곧 경전이지요. 경전이란 것은 역사적인 것이

아니라 어느 시대에나 타당한 성전(聖典)입니다. 오경(五經)이니 육경(六經)이니 하는 것은 역사를 초월한 진리입니다. 경전이 가장 먼저지요. 과거(科擧) 시험이 전부 그렇습니다. 역사 문제가 나오는 법은 없어요. 따라서 가치(value)의 순서로 말하자면 '경'이 가장 크고 그 다음이 '자', 곧 여러 가지 사상 서적입니다. 그 다음에 '사', 곧 역사책이 오지요.

가토 | 하지만 경전으론 특정한 나라나 가계의 일은 알 수 없습니다.

마루야마 | 중국의 가치순서(evaluation)로 말하자면, '경'은 영원한 진리이기 때문에, '경'에 정통하고 있으면 현대의 일도 알 수 있다고 하는 것이 중국의 태도입니다. 물론 『사기』(史記) 이래 훌륭한 역사 편집의 전통은 있지요. 하지만 나는 만일 왕조가 바뀌지 않았다면 어찌되었을지 모른다고 생각해요. 왕조가 바뀌었기 때문에 그때마다 편찬해서 '이십사사'(二十四史)⁴⁾ 같은 게 생겨났지요. 하지만 역시 가치 판단의 기준은 '경'입니다.

일본은 선진국 중국을 옆에 모셔 왔던 터라 '경'에 대한 존경심이 그대로 중국의 역사를 알지 않으면 안되는 것으로 연결됩니다. 춘추전국시대는 봉건(封建)시대이고 진(秦) 이후 군현(郡縣)시대가 되었다, 대개 중국에서는 봉건에서 군현 시대로 되었다는 것은 모두들 배웠을 테지요. 고대 성인이 봉건제를 만들었다고 되어 있으니까, 경서는 그 즈음의 중국 역사에 대한 지식과 거의 같은 것입니다. 일본은 선진국을 옆에 모시고 배워 왔다고 하는 바로 그 태도에서부터 역사적·지리적 관심이 특히 강했습니다.

중국은 영원한(eternal) 것에 대한 관심이 강하다고 생각합니다. 오히려 일본은 모든 것을 시간의 견지(aspect)에서 파악하죠. 영원이라거나 항상(恒常)의 견지에서라는 사고방식은 거의 없습니다. 다케우치 요시미(竹內好, 1910~1977)[5] 씨가 마오쩌둥(毛澤東)에게는 영원의 사상이 있다고 했습니다. 다케우치 씨는 그런 인상을 받았던 거지요. 마르크스주의니까, 사실은 역사의 법칙입니다만, 그것만으로는 마오쩌둥을 이해할 수 없다, 항상적인 것, 영원한 것이라는 지향이 마오쩌둥의 심중에 있었다는 겁니다. 그것은 중국의 전통에서 천(天)이라고 하는, 역사를 초월한 어떤 궁극적 존재가 있다는 생각입니다. 인도도 그렇습니다. 훨씬 초(超)역사적이기 때문에 형이상학(metaphysics)이 되는 거지요. 그것이 일본의 경우에는 역사 중심이 됩니다. 그렇기 때문에 실증주의는 아주 발달하지만 형이상학적이랄까, 곧 근본적(fundamental)이랄까, 역사를 초월해서 진정한 것이랄까 그런 데 대한 관심은 거의 없다고 생각돼요. 없다고 하면 너무 지나친 말이겠지만, 상대적으로 관심이 덜한 거지요.

가토 │ 상대적인 문제겠습니다만.

마루야마 │ 하지만 실증주의의 눈으로 중국의 우수한 문화를 보기 때문에, 『사기』부터 『한서』(漢書) 이하의 역사서, 그리고 역시 『춘추좌씨전』(春秋左氏傳)이죠, 이런 책들을 필독문헌으로 정독하게 됩니다. 우월한 중국문화로부터는 역사와 경서가 동시에 일체가 되어서 도래했던 거지요. 일본에서도 유학자들만 보면 경서를 중시했다고 할 수 있을 겁니다. 그러나 소라이는 "학문은 궁극적으로 역사"(『徂徠先生

問答書』)라고 말했죠. 그렇게 말했을 때 그는 역시 주자학을 몹시 의식하고 있었던 것 같습니다. 그래서 주자학의 '성리'(性理), 형이상학에 대항해서 역사야말로 기초이며 역사를 하지 않으면 안된다는 것을 강조했지요. 그것이 소라이의 한 입장입니다. '경' 중심의 유학자 가운데서는 예외적인 인물이지요. 하지만 어떤 의미에서는 오히려 소라이의 태도가 더 일본적이라고 할 수 있습니다. 유학 자체에 대해서 말한다면 '경' 중심입니다.

가토 │ 그건 그렇습니다. 유럽과 비슷하지요.

마루야마 │ 그래요. 유럽을 닮았어요.

가토 │ 그리스-로마가…….

마루야마 │ 영원한 규범인 거지요.

가토 │ 일본의 경우에 그 규범은 중국입니다. 동시에 유럽인은 극히 역사적이지요. 영국이든 프랑스든, 물론 19세기 이후의 독일까지도 말입니다. 역사적인 것은 그리스-로마가 자신이 아니니까 자신의 위치를 역사적인 축(軸)으로 결정하려고 하는, 그런 것이겠지요.

마루야마 │ 그렇기 때문에, 말하자면 그리스-로마가 주욱 이어져 온 것이 중국이라고 생각하면 좋을 겁니다.

널리 애독된 역사책

가토 │ 중국은 어찌되었든 아주 일찍부터 고도로 발달된 역사서를 갖고 있었던 나라지요.

마루야마 | 일본인에게는 사서랄까 역사책이 『논어』『맹자』보다 '애독'되었던 게 분명한 것 같습니다.

가토 | 『삼국지』(三國志)라거나 말이죠.

마루야마 | 음, 역사책이라고는 할 수 없어도 『전국책』(戰國策) 같은 것도 그렇고요.

가토 | 그래도 역사 이야기 아닙니까?

마루야마 | 요시카와 고지로(吉川幸次郎, 1904∼1980)[6] 씨도 말했습니다만, 중국의 독서인은 『전국책』 같은 것은 설령 읽었더라도 마치 읽지 않은 척 했습니다. 『일본서기』의 천지개벽 부분에 근거가 된 『삼오역기』(三五歷紀)* 같은 책은 엄격한 유학자가 보기에 잡서(雜書)였던 거죠. 일본은 중국 콤플렉스가 있어서 잡서든 뭐든 본격적인 '경서'나 매한가지로 읽어 제쳤던 겁니다. 중국의 역사책이 오히려 일본에서 더 애독되고 있었던 것은 분명합니다. 유교를 싫어한 후쿠자와조차도 『좌전』(춘추좌씨전) 같은 책은 암기할 정도로 읽었다고 하니까요. 역사가 좋아서인 겁니다. 직접적인 윤리적 교훈이 아니라서 그저 재미있으니까 말입니다.

---

* 『일본서기』 앞부분의 몇 행, 곧 "옛날에 하늘과 땅이 아직 갈라지지 않고 음양이 나눠지지 않았을 때, 혼돈된 상태가 마치 달걀 같고 ……이에 하늘이 우선 생기고 땅이 나중에 정해졌다. 그 뒤에 신(神聖)이 그 속에서 생겨났다"(원문은 한문〔古天地未剖, 陰陽不分, 渾沌如鷄子 …故天先成而地後, 然後神聖生其中―옮긴이〕으로 되어 있으며, 일본고전문학대계 『일본서기』 상권에 의거해 현대어로 번역했음)고 한 부분은 『회남자』(淮南子), 『삼오역기』 등 중국의 옛 전승을 조합해서 만든 것이다.

가토 | 중국에서는 소설, 곧 지어낸 이야기는 거의 존경받지 못했습니다. 이것도 요시카와 씨 말입니다만, 사실을 존중하는, 공상보다 진정한 이야기가 '문학'(文學)이라고 합니다. 경서는 규범이지요. 실제 인간이 어떻게 느끼고 어떻게 행동했는가 하는 이야기는, 어쨌든 중국에서는 소설이 인정받지 못하니까, 결국 역사라고 하는 식이 되는 거지요. 아니면 역사 이야기 같은 게 됩니다.

마루야마 | 음, 그렇기는 합니다만……. 그러나 사실이 중요하다고는 해도, 사실을 통해서 명분을 바로 세우는(正名) 일이 가장 중요한 것입니다. 공자 자신이 『춘추』를 저술한 의도도 그랬지요. 요컨대 인간이 살아가는 방식으로서 무엇이 올바른 삶의 방식이고 또 잘못된 삶의 방식인가 하는 것은 역사를 통해서 보면 잘 알 수 있다는 것이지, 사실에 대한 흥미 그 자체는 아닙니다. 그러므로 역사는 '도'(道)라는 영원한 규범에 종속됩니다. 예술도 그렇지요. 따라서 예술을 위한 예술이라거나 역사 그 자체를 즐기는 태도는 거의 없다고 생각합니다.

가토 | 그래도 『사기』 같은 경우에는…….

마루야마 | 『사기』는 좀 다르지요. 작자 쓰마첸(司馬遷)은 예외적인 천재입니다. 역사라고 하면 보통 '편년체'(編年體)가 우선 떠오르는데, '기전체'(紀傳體)라는 착상을 한 것부터가 그렇지요. 그런 체계적인 역사의 사고방식이 어떻게 나오게 되었는지는 중요한 문제입니다. 나는 쓰마첸이 유학자가 아니라고 생각합니다.

가토 | 그렇군요. 예외일까요? 확실히 '태사공(太史公) 왈……'이라

는 것마저도 교훈적이지 않습니다. 그것은 유교적 교훈이 아니라 프랑스인이 말하는 '모럴리스트'의 사고방식과 비슷합니다.

마루야마 | 거기에 가깝지요. 인간성이랄지 인간적 흥미 말입니다.

가토 | 인간의 마음이 움직이는 방식 같은 거지요.

마루야마 | 그런 식으로 말하면 요시카와 씨 같은 분은 나를 반박하겠죠. "아니지, 그건 일본 유학자가 유교를 실제 이상 도덕적으로 만들었기 때문이야. '우리나라의' 유교는 달라"(웃음) 하는 식으로요. 번역으로 읽으면 더 급진적이 되는 것과 비슷합니다. 실제로 『논어』를 보십시오. "친구가 먼 곳으로부터 찾아오니 또한 기쁘지 아니한가" "배우고 때로 익히니 또한 기쁘지 아니한가," 이게 도대체 뭐가 교훈적입니까? 자연스런 인간의 감정이지요.

가토 | 요시카와 씨는 중국을 가리켜 '우리나라'라고 말씀하셨군요.

유학이 도덕의 체계가 된 과정

가토 | 교훈적이 되는 건 맹자부터지요. 맹자는 윤리적입니다. 『논어』와 『맹자』의 가장 큰 차이점은, 『논어』에는 단편적이긴 해도 아직 모럴리스트적인 인간성의 통찰이 번득이는 반면에 『맹자』에는 그런 게 없다는 겁니다. 논리정연하게 윤리적인 교훈을 설파하고 있죠.

마루야마 | 그렇기 때문에 소라이는 다른 일본 유학자들과 질적으로 다릅니다. 『맹자』부터는 인정하지 않지요.

가토 │ 소라이식으로 말하자면, 유학은 교훈적이지만은 않을지도 모르겠군요.

마루야마 │ (그럴지도 모르는 게 아니라 분명히) 교훈적이지 않습니다. 소라이는 오히려 교훈주의에 가장 반대할 겁니다. 『논어징』의 해석도 가능한 한 비(非)교훈적으로 합니다. 어떤 의미에서는 견강부회라고 생각될 정도예요. 소라이의 해석은 도덕 교과서와는 다른 방식으로 『논어』를 해석하는 전형(典型)입니다.

가토 │ 주자는 역시 교훈적이죠. 형이상학인 동시에 교훈을 내포하고 있습니다.

마루야마 │ 소라이도 다른 의미에서는 교훈적입니다. 정치적 윤리지요. 교훈이라고 해도 도덕주의적이지 않습니다. 소라이가 '이단을 공격해서는 해만 있을 뿐'이라고 말한 부분이 주자의 주(注)에서는 "이단을 학문적으로 추구하면 진정한 도를 알 수 없게 된다. 그러므로 해가 된다"고 되어 있습니다. 이것은 도덕적인 해석입니다. 그런데 소라이의 해석에서는 '이단'은 정치적인 권력에 대한 아웃사이더나 반대파를 가리키며, '공'(攻)은 글자 그대로 '공격하다'가 됩니다. 이단을 공격하면 역효과가 나므로 삼가는 편이 낫다고 하는 의미가 됩니다.* 이건 매우 정치적이지요.(웃음) 에도 시대에 '이단을 공격해서

---

* '이단을 공격해서……'는 『논어』 「위정」(爲政) 제2에 나오는 말(子曰, 攻乎異端, 斯害也已)이다. 소라이는 "이단이란, 漢·晉의 諸史로 미루어보면 대개 딴 마음을 품은 사람을 말한다. 곧 갈래가 많다는 뜻이다. 사람이 딴 마음을 품은 것을 갑자기 공격하면 반드시 변고를 격화시키게 마련이다. 따라서 공자는 이를 경계했다"고 해설한다.(『논어징』 甲)

는 해만 있을 뿐'이라는 해석이 갈라지는 것만 보더라도 정말 흥미롭습니다.

이토 진사이(伊藤仁齋)도 주자학적 도덕에는 반대했습니다. 그러나 진사이의 경우에는 매우 학자적입니다. 주자의 주에는 "성인의 도 이외에 따로 一端을 세우는 것을 이단이라고 한다"고 하여, 그것을 추구해서는 안된다고 합니다. 그런데 제자백가(諸子百家)가 나온 것은 맹자의 단계였고, 공자 때에는 "어찌 제자백가가 있으리오"라 하여 아직 이단은 없었습니다. 그러므로 진사이의 『논어고의』(論語古義)에서 이단이란 '단'(端)을 말합니다. 본질을 추구하지 않고 지엽말단적인 것을 건드리면 해가 된다, 이것이 '이단을 공격해서는 해만 있을 뿐'이라는 의미였습니다. 결코 제자백가를 배워서는 안된다는 뜻이 아닙니다. '성인의 도' 대(對) '제자백가'라는 해석이 아니라, 본질과 말초의 구별이었던 거지요.

가토 │ 그럼 '이'(異) 쪽은 어찌됩니까?

마루야마 │ '이'란 여러 가지로 다르다고 하는 것으로서 '타'(他)라거나 '다'(多)라는 것과 같은 의미라고 합니다. 그러므로 '타단'(他端), '다단'(多端)이라고 해도 되지요. 여러 단(端)의 말초적인 것을 다뤄서야 본질적인 도의 학문이 될 수 없다는 겁니다.

가토 │ 결국 지금도 '이단을 공격해서 ……'에 대한 해석은 확정되어 있지 못하군요.

마루야마 │ 알 수 없죠.

가토 │ 요시카와 씨의 주(注)도, 가이즈카 시게키(貝塚茂樹, 1904~

1987)[7]의 주도 결국 결정적인 게 아니라 '음, 나는 이런 식으로 해석해 두지만' 하는 식이로군요.

마루야마 ㅣ 그것은 주자의 『사서집주』(四書集註)가 소라이학 이래 절대적 권위를 상실했다고 하는 시대를 우리 또한 잇고 있기 때문입니다.

가토 ㅣ 그건 물론 그렇죠.

마루야마 ㅣ 그 이전에는 안 그랬습니다. 역시 이단이라는 것은 서양에서 유래한 헤레시(heresy) 또는 헤테로독시(heterodoxy)와 아주 비슷하게 무엄한 것이었죠. 그래서 헤레시나 헤테로독시를 '이단'이라고 번역한 것은, 논어의 '이단을 공격해서'를 떠올리고는 '아, 이걸로 하자'고 생각했던 겁니다.

가토 ㅣ 결국 헤레시를 이단으로 번역했던 거군요. 이단이라는 말은 거기서 나온 걸까요…….

마루야마 ㅣ 이건 아주 흥미로운 일입니다.

가토 ㅣ 하지만 그 원문은 아무리 생각해 봐도 원래의 의미를 알기 어렵습니다. '이단을 공격해서는 해만 있을 뿐'이라는 한 줄밖에는 앞뒤 맥락이 없으니까 말입니다.

마루야마 ㅣ 요컨대 공자가 잡담한 걸 기록한 거니까요.

가토 ㅣ 아무리 공자라도 한 줄만 말했을 리는 없잖습니까? 차를 마시면서 꽤나 오래 말한 것 중에서 한 줄만 써놓은 걸로는 제삼자가 잘 이해 못하는 건 당연한 일이죠. 하지만 『논어』에는 어떻게 해석해도 아주 흥미로운 부분이 많습니다.

마루야마 | 실제로 유교 자체가 '오경'(五經)으로 도덕의 일대 체계가 된 것은 한대(漢代) 이후입니다. 그때까지는 그런 체계가 없었지요. 오히려 프랑스에서 말하는 모럴리스트의 의미 쪽이 강했습니다.

가토 | 몽테스키외 같은…….

마루야마 | 한(漢) 무제(武帝) 이후 공맹(孔孟)의 가르침을 국교(國敎)로 삼았으니까 말입니다. 나아가 주자학이 '사서'(四書)를 설파해서 그런 경향을 틀지웠던 거지요.*

가토 | 그걸로 아주 굳어져 버렸지요.

'인'에서 '인·의·예·지·신'으로

마루야마 | 거기다 과거제도가 결합되면서 차츰 그렇게 됩니다. 그런 변화는 이토 도가이의 『고금학변』(古今學變, 1718년경)을 보면 잘 알 수 있습니다. 그 책은 정말 걸작이죠. 고금의 학이 어떻게 변했는지를 쓴 책인데, 나는 거기서 많은 걸 배웠습니다.

예를 들어서 공자의 경우에는 '인'(仁)뿐이었습니다. '인의'(仁義)라는 말로 '인'과 '의'를 병칭(倂稱)하게 된 것은 맹자 때부터지요. 맹자는 '사단'(四端), 곧 측은지심(惻隱之心), 수오지심(羞惡之心), 사

---

* 송의 주자는 『논어』 『맹자』 두 책에다 『예기』(禮記) 중에서 「대학」 「중용」 두 편을 빼내서 '사서'로 삼았다. 또 '오경'이란 역(易經)·서(書經)·시(詩經)·예(禮記)·춘추(春秋左氏傳)이다.

양지심(辭讓之心), 시비지심(是非之心)을 설명할 때, 예컨대 "측은지심은 인(仁)의 단(端)이다"라고 말했던 겁니다. 그리 되자 다른 세 가지도 갖추지 않으면 안되지요. 그래서 '인' '의' '예'(禮) '지'(智)를 각각 맞추게 되자 '인의'에서 '인·의·예·지'가 됩니다. 그렇지만 아직 '인·의·예·지·신(信)'이라고까지는 말하지 않습니다. 맹자가 일반적으로 병칭한 것은 '인의'입니다. 사단과 관련될 때만 '인·의·예·지'가 되죠.

한대(漢代)에 '신'이 추가되어 오상(五常)이 나옵니다. 마치 공자 때부터 '인·의·예·지·신'이라는 것이 있었던 것 같지만, 실제로는 공자는 '인의'라는 병칭조차도 언급하지 않았고 '인'밖에는 말하지 않았습니다. 이것도 소라이가 장황하리만큼 말하는 부분입니다. 곧 맹자는 논쟁을 좋아했기 때문에 순자(荀子)나 묵자(墨子)에 대항하기 위해 '인의'라는 말을 꺼냈다고 봅니다. 순자에 대해 성선설(性善說)을 제시한 것도 논쟁에서 생겨난 설이고, 묵자를 해치우려면 '인'만으로는 안된다, 묵자의 '겸애'(兼愛)는 보편애(普遍愛, universal love) 일변도가 되니까 거기서 '의'라는 것을 동시에 언급하여 차별애(差別愛)의 측면을 강조함으로써 반대했다는 거죠. 묵자의 애(愛)라는 것은 무차별애니까 말입니다. 그래서 '인의'라는 말을 꺼냈다는 거지요. 이런 식으로 성선설이나 '인의'를 늘어놓는 설은 논쟁을 위해서 성인(聖人)의 도(道)를 상대화시켜 버리는 결과가 되었다는 것이 소라이의 설명입니다. 도가이와 일치하는 것은 '오륜'(五倫)이나 '오상'(五常)이라는 규범이 어느 시대에 등장하고 그 이전과 비교해서는 어떻게 변했는가 하는 점입니다.

가토 | 그건 상당히 빨랐군요.

마루야마 | 빠르죠. 도가이의 『조자고』(助字考)라거나 그런 언어에 대한 관심과 밀접한 관련이 있지요. 후세의 언어 범주를 예전의 언설(言說, discoures)로 언급해서는 안된다라는 방법론과 밀접하게 관련됩니다. '인'에서부터 이번에는 '인의'가 되고 '인·의·예·지'가 되고 다시 '인·의·예·지·신'이 됩니다. 그리 되자 오륜오상이나 음양오행*이라는 개념이 마치 처음부터 유교철학이었던 것처럼 여겨지게 되었던 겁니다.

논리 용어와 그 어법

마루야마 | 그런데 앞서 말했던 야노 후미오(矢野文雄)의 『역서독법』으로 되돌아가 보면, 그 가운데서 책의 분류가 아주 중요하다고 하면서, 동양의 분류는 조잡하다(粗 또는 束)고 말합니다. 서양의 도서관 분류처럼 좀더 치밀해(密)지지 않으면 안된다는 거지요. 그래서 여러 가지로 도서를 분류하고 있는데, 동양의 분류가 조잡하다는 증거로서 흥미롭게도 '인·의·예·지·신'을 들고 있습니다. '인·의·예·지·신'이라고들 말하지만, '인·의·예·신'은 인간교제의 관계이자

---

* 일체의 만물은 음과 양의 두 기운에 의해 생겨나고, 나무·불·흙·쇠·물의 다섯 요소로 이루어진다고 하는 생각.

규칙이다, 그렇지만 '지'라는 것은 사안을 처리하기 위해 필요한 것이라서 성질이 다르다는 겁니다. 그것을 하나로 묶어 버렸다는 것은 동양의 분류가 얼마나 조잡한지를 잘 보여주는 사례라고 말하고 있습니다.

가토 | 그건 어느 정도 보편적인 문제가 아닐까요? 번역의 영향이라는 문제도 있고, 번역이라는 문제의 고유한 논점과 연관될 테지만, 논점 중의 하나가 바로 그러한 점입니다.

첫번째는 원인론적인 관계, 곧 인과율입니다. 예를 들어서 번역 문장에서는 '무엇 때문에' '왜냐하면' 식의 말이 늘어나는 것 같습니다. 대개 일본에서는 적어도 메이지 이전의 문장에서는 because에 해당하는 말이 그리 자주 나오질 않습니다. 그런데 유럽어에서는 쉴새없이 나오지요. 그것을 어떻게 번역했느냐 하는 점입니다.

두번째는 지금 이야기한 '분류'라고 생각합니다. 어떤 분류를 할 것인가? 일본에서는 가사(歌)를 분류하든 시(詩)를 분류하든 예전부터 나열된 분류 항목의 내용이 겹쳐 있었요. '상호배타적'(mutually exclusive)이지 않죠. 그런 분류 방식은 서양인이 싫어하는 것으로 아리스토텔레스 이후의 분류에서 보자면 이상한 겁니다. 중국에서도 그랬으리라 생각합니다만, 일본의 분류법은 중복을 피할 수가 없습니다. 때문에 '인·의·예·지·신' 가운데서 '지'만 성질이 다르지 않은가 하는 지적은 아주 흥미롭군요. 그러한 엄밀한 분류 원칙과 상반되는 것이 어떤 식으로 처리되고 있는가 하는 문제가 있겠지요.

세번째는 일반화(generalization), 또는 수(數)의 표현방식입니다.

'모두의'와 '약간의' '하나의' '어떤 하나의'라는 말을 영어에서는 관사(冠詞)를 사용해서 상당한 정도까지 표현할 수 있고, 또 all이나 some 같은 말로도 표현하지요. 그런데 일본어에서는 대개 그런 말을 쓰지 않습니다. '에도 시대의 몇 명의 사무라이가⋯⋯'라거나 '모든 사무라이는⋯⋯' 식으로는 말하지 않지요. 그저 '사무라이는⋯⋯'이라고 합니다. 관사가 없기 때문에 알 수 없는 거죠. 이걸 번역에서 어떤 식으로 표현하고 있는지, 이 문제는 아주 흥미로운 문제라고 생각합니다.

마루야마 │ 아니, 꼭 번역에만 해당하는 문제가 아니라⋯⋯. 내 경험을 말하는 게 좀 뭐하긴 합니다만, 대학분쟁 때 전공투(全共鬪) 학생이 '학생은⋯⋯'이라고 말하길래 "자네가 말하는 학생이란 누구를 가리키는 건가?" 하고 물었습니다. 야스다(安田) 강당에 농성 중인 사람들인가, 다른 학부에서 농성하고 있는 반대파인가, 아니면 불참한 정치적 무관심층을 말하는가 하고 말이죠. 좀 심술궂은 도발이긴 했지만, 일반적으로 그런 겁니다.

그것이 앞서 말한 '모두의'와도 관계가 됩니다. '일본 국민의 총의(總意)'라고 하는 일본국 헌법 제1조의 정부 원안(原案)과도 관계가 있지요. 일본 인민이 자유롭게 표명한 의지가 상징천황제(象徵天皇制)의 근원이다라고 하는 '원문'의 취지를 이 말로 표현한 것은 그야말로 비범한 교지(狡知)입니다. 나쁜 뜻으로는 의식적 조작입니다만. 아주 강력한 말이죠. 왜냐하면 보통은 그렇게 말하지 않으니까요. 만장일치로 찬성한다고 할 때만 '총의에 의해서'라고 합니다만, 나는 '총의'를 집어넣은 것은 '일억일심'(一億一心) 사상의 연속이라, 신헌법의 원칙에서 보자면 속임수라고 생각합니다. 〔맥아더 초안에서〕 그저 'the sovereign will of the people'이 천황의 상징적 지위의 기초라고 했던 것을, '주권이 존재하는 일본 국민의 총의에 근거한다'고 번역한 것은 의식적으로 일본어의 맹점을 찔렀다고 봅니다. 만약 독자가 민감하다면 왜 '총의'라고 했는지 되물었겠죠. 그런 부분을 거의 간파하지 못했던 겁니다. '한 사람인가' '많은 사람인가' 아니면 '모두인가'라는 식으로…….

가토 │ 그렇습니다. 현재 사용하는 보통의 일본어에서는 '한 사람인가' '많은 사람인가' 아니면 '모두인가' 그 구별이 분명치 않습니다. 군론(群論)에서는 치명적인 문제가 됩니다. 군론적으로 말하자면 '제로인가' '몇 명인가' '전부인가'지요. '한 사람'은 '몇 명' 속에 들어갑니다만, 그것만으로도 큰 차이가 있습니다. 그런 부분을 애매하게 처리하면 논리가 성립되질 않습니다.

이건 그와 같은 논리상의 문제는 아닙니다만, 영어 쪽이 그런 것을 의식해서 구별하고 있는 경우가 많다고 생각합니다. 에도 시대의 산문에는 거의 없습니다. 그 차이를 어떻게 처리했는가 하는 것이 번역의 문제로서 매우 흥미롭습니다. 어떻게 번역했는가, 또는 번역하지 않았는가 하는 문제지요.

마루야마 │ 이시다 다케시(石田雄, 1923~) 씨가 논문을 썼죠. 나카무라 마사나오(中村正直, 1832~1891)[8]가 번역한 『자유지리』(自由之理)를 J. S. 밀(John Stuart Mill, 1806~1873)의 『자유론』(*On*

『자유지리』
밀의 『자유론』 1870년판을 저본으로 한 나카무라 마사나오의 번역본(1871) 표지. 시즈오카(靜岡)에 영어교사로 초빙되었던 클락(E.W.Clark)이 영문으로 서문을 썼다.(이 책의 133쪽 화보 참조)

Liberty) 원문과 비교했습니다. 「J. S. 밀 『자유론』과 나카무라 게이우 및 옌푸」라는 제목으로 나중에 『일본 근대 사상사에서의 법과 정치』라는 책에 실렸습니다만.[9] 그 글에서 '인민의 총체(總體)'라고 되어 있는 부분은 본래 '총체'라는 말이 없는데 번역할 때 '총체'라고 붙였다거나, '인민'이라 번역하고 '인민'은 곧 '정부'를 말한다고 하는 식의 사례가 있다, 곧 '인민'과 '정부'를 혼동했다는 등 여러 가지를 지적한 것으로 기억하고 있습니다.

이시다 씨와 나는, 옌푸(嚴復, 1853~1921)와 후쿠자와 그리고 나카무라 마사나오 등이 밀이나 스펜서를 어떻게 받아들였는지 그 방식을 비교한 적이 있습니다만, 그 작업을 이어서 이시다 씨가 〔일본정치학회의〕 연보(年報) 위원장을 맡았을 때 '일본에서의 서구 정치사상' 특집호(『年報政治學』, 1976)를 냈지요. 그 뒤로도 이 연구를 계속하

86

고 있는 사람은 마쓰자와 히로아키 (松澤弘陽, 1930~) 씨입니다. 「『서국입지편』과 『자유지리』의 세계」라는 논문이 있죠.[10] 오카와다 쓰네타다(岡和田常忠, 1933~) 씨도 그때 같이 연구를 했는데, 이 말은 이 자전에 이렇게 번역되어 있다는 식으로 메이지 시기에 이용 빈도수가 높았던 단어들을 카드로 만들었어요.[11] 나카무라의 『자유지리』에는 지금 말한 단수와 복수를 구별

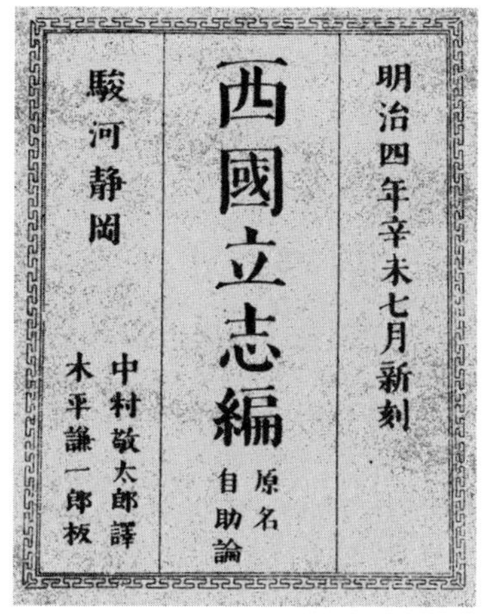
『서국입지편』
모두 100만 부 이상 팔렸다는 베스트셀러로 자유민권 사상의 확산에 기여했다.

하는 사례가 있습니다. '모든 인민'이 되면 '정부'와 같은 의미가 된다든가, 거의 구별하지 않고 사용하고 있다든가 하는 식으로요⋯⋯. '사회'라는 말이 나오게 된 유래와도 관계가 있습니다만, 통치체로서의 국가와 구별되는 의미로 정부를 씁니다. 구별의 의미가 어디까지였는가 하는 문제와도 관련이 있죠.

가토 | 그런 추상적인 말 중에는 주목할 만한 사례가 많이 있겠군요.

마루야마 | 그것은 'how'의 문제지요. 어떻게 번역했는가 하는 문제가 됩니다.

'개인'과 '인민'

마루야마 | 복수와 단수의 구별이 없다는 점과 관련해서 떠오르는 말은 민권(民權)입니다. '자유민권운동'(自由民權運動)은 일본에서는 보통 쓰이는 말이지만 서양인은 번역하는 데 애를 먹습니다. 지금은 freedom and people's rights movement라는 번역어가 정착되어버렸지만, 처음엔 아주 희한하게 여겼던 모양입니다. 곧 people's right라는 건 없다는 거지요. right는 어디까지나 개인의 권리여서, 민권이라는 의미로 되지는 않습니다.

그 점을 간파했던 사람이 바로 후쿠자와죠. 민권이라고들 하는데 인권과 참정권을 혼동하고 있다고 후쿠자와는 말합니다. 인권은 개인의 권리이지 인민의 권리는 아니다, 따라서 국가권력이 인권, 곧 개인의 권리를 침해해서는 안된다, 인민이 참정권을 가져야 한다는 것을 민권이라고 할 때, 거기에는 개인과 일반시민의 구별이 없다고 후쿠자와는 지적했습니다. 그 감각은 탁월하지요. 집합개념으로서의 인민의 권리와 개개인의 개별적인(individual) 권리.

이 말을 번역하기가 어려웠다는 것은 프랑스 민법의 번역에서도 알 수 있습니다. 미쓰쿠리 린쇼(箕作麟祥)였던가요, 프랑스어 droit civil을 민권이라고 번역했지요. 그런데 그것은 재산권 등 민법상의 사권(私權)을 말하는 겁니다. 자유민권론과는 다르죠. 똑같은 droit civil을 한쪽에서는 엄밀한 의미에서의 인권이라 번역하고, 다른 쪽에서는 일반적으로 통용된다는 이유로 민권이라 해버리는 것, 그것 역시 일본어에 단수와 복수의 구별이 없기 때문입니다.

가토 │ 인권이란 것이 정착되지 않았던 거겠지요.

마루야마 │ 후쿠자와는 민권론으로 국권론(國權論)과 타협했다고 해서 좌익으로부터 나쁜 평판을 받습니다. 인민의 권리에 대해 그는 좀 공리주의적이어서 결코 급진적이지는 않았습니다. 하지만 인권에 대해서는 만년까지 줄기차게 이야기했죠. '인권'이라는 용어를 써서 말입니다. 메이지 유신 초기부터 이런 식으로 구별을 하고 있는 사례는 거의 없었습니다.

오히려 메이지 10년대의 유명한 유행가 가사 "좋잖아, 시빌이야 아직 부자유스러운들 폴리티컬이라도 자유롭다면" 같은 것은 위압적입니다. civil right 따위는 아무래도 좋다는 거죠. political(right)이란 참정권을 말합니다. 이리 되면 전체주의로 나아가는 건 시간문제인 셈입니다.

가토 │ 민권은 참정권이라는 점에서 한 다발이 되어 얽힌다고나 할까, 그런 감이 드는군요. 이런 논리에서 평등을 배제하는 것은 아니겠지요?

마루야마 │ 물론입니다. 하지만 자유와 민권을 연결시킬 때에는 문제가 생깁니다. 우리가 학생이었을 적에는 소극적 자유, 곧 '~로부터의 자유'와 적극적 자유, 곧 '~로의 자유'가 있었지요. 유럽에서는 사회보장 등에 의해 '~로부터의 자유'가 강했던 만큼 '~로의 자유'가 점차로 강조되어 왔습니다. 그리고 바이마르 헌법이 만들어졌을 때 "재산권은 의무를 수반한다"는 유명한 조문이 생겼던 겁니다. 그

건 프랑스 혁명 이래 사유재산의 절대화에 대해서 명백하게 유보를
단 최초의 헌법 조문이었습니다. 그것이 나치가 주장한 공동체 사상
과 부합되었지요. 우리도 사회주의의 세례를 받았기 때문에 아무래도
사유재산의 절대화는 나쁘다, 말도 안된다고 하는 분위기가 강했습니
다. 그런 분위기가 바이마르 헌법 이후의 세계적 풍조와도 들어맞았
던 거지요.

오자키 유키오(尾崎行雄, 1859~1954)[12])가 도쿄대학에 강연을
하러 왔을 때는 경호원이 여러 명 따라다녔습니다. 제국헌법의 정신
에 대해 말하면서 오자키는 "우리의 사유재산은 천황폐하라 할지라
도 손가락 하나 대실 수 없습니다"라고 했지요. 나는 충격을 받았습니
다. 물론 '대시다'라고 경어를 썼고 '법률에 의하지 않고서는'이라는
단서를 달긴 했지만 말이죠. 그런 시대였습니다.

가토 | 유럽 정치사상에서는 인권이 있기 때문에 누구나 자유롭고 평
등하다고 두 가지를 연결하고 있습니다만, 일본에서는 그것이 나누어
졌지요. 인권 쪽이 자유와 연결되고 민권 쪽이 평등과 연결되는 식으
로 말입니다. 말하자면 자유로부터 분리된 평등과 인권으로부터 분리
된 민권이 생겨났던 셈이죠. 그러나 일종의 평등주의는 이전부터 있
었습니다.

마루야마 | 일군만민(一君萬民)이라는 평등주의지요. 주군(主君)만
은 예외지만 나머지는 귀족이든 평민이든 모두 평등하다는 겁니다.
중국 고전에서 말하는 '보천솔토'(普天率土), 그것이 곧 평등입니다.
"온 하늘 밑은 왕의 땅 아닌 데가 없고, 땅 닿은 곳에 사는 이 치고 왕

의 신하 아닌 사람은 없다"(普天之下, 莫非王土, 率土之濱, 莫非王臣 : 『詩經』)는 거지요. 그게 일군만민입니다. 익찬회(翼贊會) 시대에는 천황과 인민 사이에 끼여 방해하는 자를 '막부적 존재'라고 말하는 게 유행이었습니다만, 천황만 제외하면 평등사상은 각별했습니다.

가토 | 현행 헌법에서 인권과 평등을 강조하고 있지만 정착도가 강한 것은 평등이죠. 그건 전통적으로 보더라도 그렇습니다. 미국이 강요하지 않았다고 해도 처음부터 인권 쪽은 없었으니까요.(웃음) 익찬회 운동을 민주주의적 위장이라고 한다면 나치가 바로 그렇습니다. 개인적 자유는 제로에 가깝지요. 자유주의와 민주주의의 갈등을 극적으로 보여줍니다.

'만약'과 인과론

가토 | 어떻게 번역했는가 하는 문제에서 흥미로운 것 중 하나는 윤리 용어인데, 이와 관련해서 또 하나 여쭙고 싶은 것이 '만약'에 대해서입니다. 배중률(排中律)의 그 '만약' 말입니다. 어떤 명제가 옳은가 옳지 않은가, 이 두 가지 경우밖에 없다고 할 때, 옳으면 이렇게 되고 옳지 않으면 저렇게 된다, 그것이 전부이고 그 밖의 경우는 생각할 수 없다―이런 생각이 나왔는지 어땠는지, 그리고 나왔다면 어떤 식으로 표현되었는지 하는 점입니다.

논의 중인 번역문제와는 좀 동떨어진 문제일지도 모르지만, 나는 한번 아라이 하쿠세키의 글에서 이 문제와 대면한 적이 있습니다. 『독사여론』(讀史余論, 1712)[13)에 나오는 얘깁니다. 미나모토노 요시이에(源義家, 1039~1106)가 반란을 일으킨 무사를 토벌하고 오슈(奥州)를 평정했을 때(後三年の役)[14) 조정은 벌을 내리지도 않고 상을 주지도 않았지요. 하쿠세키는 이건 좀 이상하다고 말합니다. 만일 사사로운 싸움이라면 조정은 요시이에를 벌해야 한다, 만약 공적인 싸움이라면 요시이에는 조정의 적을 토벌했으니 포상을 해야 마땅하다, 그런데 조정은 아무런 조치도 취하지 않았다, 따라서 사사로운 싸움인가 아닌가 하는 사실 판단과 무관하게 조정의 조치는 잘못되었다는 겁니다.* '사'가 아니면 '공'이고 '공'이 아니면 '사', 경우의 수는 이 두 가지밖에 없다는 것이죠. 이건 아주 흥미롭습니다. 달리 이런 사례가 있을까요?

마루야마 | 지금 내 기억에는 없습니다만…….

가토 | 하쿠세키가 독창적이지 않나 생각했는데, 꼭 그렇지만도 않을까요?

마루야마 | 하쿠세키는 일반적으로 모든 것이 매우 논리적이지 않습니까?

가토 | 번역의 경우에 예컨대 나카에 조민(中江兆民)의 번역을 읽고 있자면, 그리스도교를 비판하는 문장인데, 프랑스어 원문에는 자유와

---

* 『독사여론』(讀史余論) 중권에 "사사로운 전투로 자신의 영지(任國)를 피폐하게 한 지 10년이 되었으나 그 죄형(罪刑)을 확정짓지 않았다. 이미 그 죄가 없다면 이것은 공이 되어야 마땅하다"고 되어 있다.

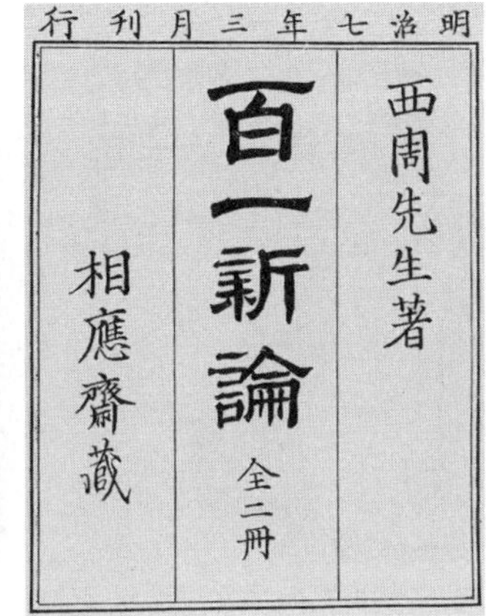

니시 아마네와 『백일신론』
메이로쿠샤 동인인 계몽사상가 니시가 문답식 구어체로 주자학적 사유방식을 비판한 대중 철학서.

필연을 대비시킨 부분이 나옵니다. 신의 은총이 없으면 인간은 선(善)을 행할 수가 없다는 주장에 대해 반박하는 대목에서, 은총이 필연이라면 인간의 자유는 없어진다, 그러나 자유가 있다면 은총이 없더라도 스스로 선을 행할 수 있을 터, 따라서 '은총의 필연과 인간정신의 자유는 양립하지 않는다'라는 논지입니다. 거기 나오는 nécessité, liberté, morale 가운데서 필연은 사용하고 있지 않지요. 가토 히로유키(加藤弘之, 1836~1916)[15]는 사용했다고 하는데, 이 번역어는 전부터 있었던 겁니까?

마루야마 │ 자유와의 대비였다면 다분히 니시 아마네(西周, 1829~1897)[16]부터지요. 『백일신론』(百一新論, 1874)[17]에서 어떻게 다루고 있을까요. 니시의 경우 사상적 연원이 콩트(Auguste Comte, 1798~1857)니까 철학적 소양은 가장 많았죠. 도리와 물리를 구별합니다.

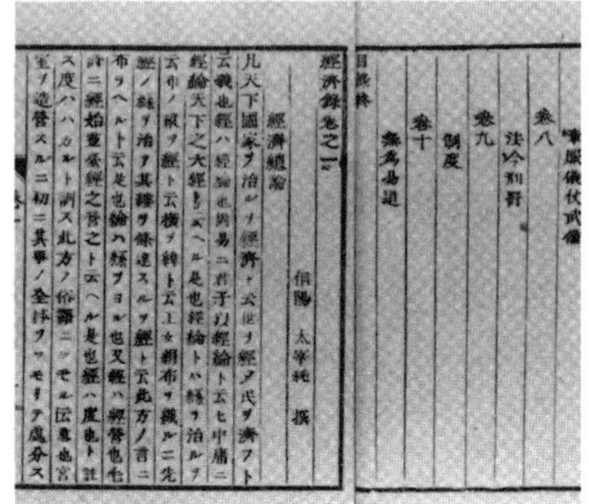

다자이 슌다이와 『경제록』 오규 소라이의 제자로서 경제를 중시한 다자이 슌다이는 '經世濟民'이라는 사회 전반에 걸친 개념 '經濟'를 이 책에서 일본 최초로 사용했다.

그것을 혼동하는 것이 유교의 오류입니다만. 또 하나는 '정통' (orthodoxy)이라는 생각입니다. 공자·맹자가 안되는 부분은 '정통' 의 입장에 선 것이다라고 하는 정교일치 비판입니다. 니시는 가타카 나로 'オルトドクシー'라고 쓰고 있습니다. 번역이 없었기 때문이지 요. 니시는 소라이학(祖徠學)이니까 물리와 도리에 대해서는 아마 다 자이 슌다이(太宰春臺, 1680~1747)[18]의 『경제록』(經濟錄, 1729)에 서 배웠을 겁니다. 슌다이는 물리, 곧 '사물의 이치'를 법칙 개념으로 정리하고 있었던 거지요.

가토 │ 당연히 어학적인 본래의 뜻으로 소급되겠군요. 나뭇결(木理 ＝木目)이라거나 그런 의미의 리(理)라는 생각이 있습니다.

마루야마 │ 인과(因果)도 자주 언급하지요.

가토 │ 인과도 불교로군요.

마루야마 │ 원래는 인과응보(因果應報)니까요. 그것이 언제 인과필연(因果必然)이 되었을까. '원인·결과'라는 것은 후쿠자와가 사용하고 있습니다. 역사에는 간접적인 원인(遠因)과 직접적인 원인(近因)이 있는데, 막부가 붕괴한 간접적인 원인은 덴메이(天名) 시대(1781~1789)에 비롯된다고 말입니다. 인민의 지혜가 향상되어 풍자적 통속소설(滑稽本) 같은 것이 나와 암암리에 막부를 비판하는 분위기가 생겨납니다. 덴메이, 간세이(寬政, 1789~1801) 이후의 이러한 경향을 막부 붕괴의 간접적인 원인의 하나로 말하고 있습니다. 한편 직접적인 원인으로는 페리의 내항을 듭니다. 그런 식으로 간접적인 원인과 직접적인 원인을 나누지요. 버클의 글에 remote cause라는 말이 있습니다. 간접적인 원인은 이 말의 번역이 아닐까 생각됩니다만. 그런 말을 사용했음직한 것은 에도 시대 문헌 가운데서라면 라이 산요(賴山陽, 1780~1832)[19]의 『일본외사』(日本外史), 『일본정기』(日本政記)와 하쿠세키의 『독사여론』 정도일 텐데, 라이 산요를 조사해 본 바로는 나오지 않더군요.

가토 │ 하쿠세키는 사용했을 것 같은데요.

마루야마 │ 시대구분을 말하고 있으니까요.

가토 │ 무엇보다도 인과론적인 생각을 갖고 있었고 말이죠.

마루야마 │ 그래요. 공가(公家)의 치세가 어떻게 몰락해서 무가(武家)정치로 되었는지 생각했고 말입니다.

가토 │ 인과연쇄(causal chains)와 같은 사고방식은 언제 생겨난 걸까요? 비근한 예로는, 사상사에서 말하자면 도미나가 나카모토(富永仲基, 1715~1746)에게서 볼 수 있습니다. 성선설이 있고서야 성악설이 나왔다, 성악설이 생겨난 뒤에야 인간 본성은 선·악 어느 것도 아니라는 설이 나왔다는 식으로 말입니다. 일종의 조건 같은 것이 상정되어 있지요.*

마루야마 | 소라이는 상대화하는 의미에서 그런 것을 말합니다. 성선설 같은 것은 공자 이전의 문헌에는 나오지 않아요. 순자가 성악설을 제창했기 때문에 이에 대항해서 맹자가 성선설을 제기합니다. 그러니까 그건 일종의 논쟁적 개념이지 성인(聖人)의 말은 아니지요. 그런 의미에서 역시 조건적입니다.

가토 | 도미나가에게도 소라이의 영향은 있지요. 직접은 아니더라도 제자와는 접촉이 있었을 겁니다.

마루야마 | 그의 가상설(加上說)인데 오래된 것에 대한 설명일수록 나중에 만들어진 것이라고 하는 겁니다. 그건 뭐랄까 요즘 신화학(神話學)의 주요 명제인데, 일본에서는 보기 드물게 세계적으로 통용되는 명제가 아닐까요? 일본의 천지개벽론 같은 것이 바로 그렇습니다. 나라의 시작은 이러했다고 하는 식의 당위적인 설명이 후세에 만들어지지요.

가토 | 그건 에도 시대에는 무시되고 있었습니다. 불교 쪽에서 승려가 반론을 펴고는 있습니다만. 불교에 대한 공격으로는 히라타 아쓰

---

* 도미나가 나카모토는 오사카의 조닌(町人) 학자로서 유교 비판이라고 간주된 『설폐』(說蔽) 때문에 회덕당(懷德堂)에서 파문(破門)당했다고 하며, 불교를 비판한 역사서인 『출정후어』(出定後語)에서 모든 교설·언설을 상대화하는 시각, 곧 '가상설'(加上說)을 제시했다.[20]

아코 낭사 사건 주군 아사노의 원수를 갚기 위해 기라의 저택을 급습한 오이시 요시오 등 46인의 무사가 퇴각 도중 에도의 료고쿠(兩國) 다리에서 합류하는 모습.

타네(平田篤胤)의 『출정소어』(出定笑語, 1811년경까지의 강의록) 같은 것도 있습니다. 도미나가 나카모토를 사상적 천재로 평가하고 있는 사람은 역시 모토오리 노리나가지요.

'논리'를 파고드는 자세

마루야마 | 앞서 말한 배중률 얘기로 돌아갑니다만, 하쿠세키를 제외하면 논리적인 논의는 그다지 일본인과는 잘 안 맞았던 게 아닐까 싶습니다. 전형적인 예가 아코 낭사(赤穗浪士) 사건[21] 때지요. 사문서라서 잘 알려져 있지 않지만 오규 소라이는 『의율서』(擬律書)라는 글

을 남겼는데, 여기서 '공'(公)과 '사'(私)를 구별합니다. 천하(天下)의 법을 어긴 경우는 사형에 처해야 마땅하다, 사사로운 감정(私情)을 가지고 무사도를 완수했다고 말하는 것이야말로 사사로운 감정이라고 말입니다. 그래서 결국 사형론이지요. 받아들이지 않는 겁니다.

가토 | 그런데 그게 사실입니까? 소라이가 야나기사와 요시야스(柳澤吉保)에게 진언(進言)해서 막부의 판단에 영향을 미쳤다(막부의 처벌 방침이 참수형으로 결정된 것을 듣고 소라이가 야나기사와에게 반대의견을 올려 할복으로 바뀌었다는 말―옮긴이)고 하는…….

마루야마 | 글쎄요. 『의율서』는 자필이 아니라서 확증은 없습니다만, 공과 사를 확실히 구별한다는 소라이의 전반적 사고방식으로 볼 때 아마 그랬을 겁니다. '사'의 도(道)로서는 훌륭하다, 그러므로 목을 쳐서는 안된다, 할복의 예(禮)로 처리해야 한다, 하지만 목숨을 살려 준다는 것은 말도 안된다, 천하의 대법(大法)을 어겼으니 사죄에 처해야 마땅하다는 식으로 공과 사의 구별이 아주 분명하니까요.

게다가 나도 전에 쓴 적이 있지만, 소라이는 '사'를 나쁘다고 하지는 않습니다. 주자학적으로 말하자면 '사'는 나쁜 것이지만, 소라이에게는 단지 영역의 구별인 거지요. '사'의 영역에 속하는 것과 '공'의 영역에 속하는 것은 구별하지 않으면 안된다, 따라서 문학처럼 '사'의 영역에 속하는 데에 권선징악의 잣대를 들이밀어서는 안된다고 말합니다. 내 생각에 이 점은 노리나가로 연결됩니다. 문학은 일종의 사적 작업인지라 천하국가론(天下國家論)과는 관계가 없다는 거죠. 천하국가는 '공'이니까 말입니다. 그렇다고 해서 천하국가는 위고 문학은 아래다라는 의미는 아닙니다. 학문 역시 사적 작업이라고 그는 말합니다. 소라이 자신은 학문이 필생의 업(業)이라고 해서 사명감을 가졌지요. 그 자신의 학문은 분명히 사적 작업이라고 말하고 있습니다. 그러므로 통치하는 것과 학문을 한다는 것은 영역의 구별이지 가치의 구별은 아니라는 겁니다. 유학자로서는 매우 보기 드문 태도였다고 생각합니다.

가토 | 다자이 슌다이도 그렇지요.

마루야마 | 슌다이는 훨씬 더 철저합니다. 그는 소라이가 주장한 것에 대해서, 소라이였다면 그렇게는 말하지 않았을 정도로까지 파고드니까 말입니다. 결국 소라이학의 평판이 나빠지게 된 데에는 슌다이에게 책임이 있다고나 할까, 결국 슌다이가 논리적으로 파고들었기 때문인 셈이죠.

가토 | 역시 '번역'이기 때문일까요? 선생보다 제자 쪽이 더 급진적이군요.(웃음)

마루야마 | 슌다이는 유명한 말로 빈축을 샀지요. 음, 무슨 얘기였더라, 결국 남의 부녀자를 희롱하는 것은 악이다, 마음 속으로야 어떻게 생각하든 그것은 상관없다……*

---

* 다자이 슌다이는 『변도서』(弁道書)에서 "성인(聖人)의 도(道)에는 마음속에 나쁜 생각이 일어나더라도 예법을 잘 지켜 그 생각을 키우지 않고 몸으로 나쁜 일을 하지 않는다면 군자(君子)라고 합니다. 마음속에 나쁜 생각이 드는 것을 죄로 삼지는 않습니다. ……예를 들어서 미인을 보고 마음속으로 그 미색에 반하는 것은 인지상정입니다. 이 감정에 몸을 맡겨 예법을 어기고 망령되이 남의 부녀자를 희롱하는 자가 소인(小人)일 뿐. ……옳고 그름의 유무는 희롱하느냐 희롱하지 않느냐에 따라 정해지는 것입니다"라 했다.

가토 ｜ 성경과는 전혀 딴판이군요.

마루야마 ｜ 마음속에 색정(色情)이 일었다면 이미 간음을 한 것이다라는 성경의 신조주의(信條主義)와는 정반대지요. 본래 소라이에게도 슌다이와 비슷한 해석이 있습니다. 곧 밖으로 드러난 것이 중요하다, 마음속이 이렇다 저렇다 말하는 것은 불교다, 불교에서는 내면성을 묻지만 유교에서는 인간관계를 문제로 삼는다고 말하는 것이 기본적으로 소라이학입니다. 따라서 정치철학이 되는 거지요. 그런데 슌다이는 군자와 소인의 구별은 희롱했느냐 안했느냐의 차이일 뿐 마음속으로야 '나쁜 생각'을 해도 괜찮다고까지 말합니다. 외형으로 나타날 때 비로소 문제를 삼는다고 해서 규범을 철저히 외면화하고 있습니다. 소라이는 그 정도로까지는 말하지 않지요. "그렇더냐, 성인의 덕을 대체 뭐라고 생각하는 거냐" 해서 슌다이는 꽤나 미움을 삽니다. 도덕과 정치를 구별하는 것, 내면을 묻지 않는다는 것은 소라이에게서 비롯된 거지만, 소라이는 그렇게까지 외면성에 철저하지는 않았는데, 슌다이는 철저하지요.

가토 ｜ 에도 시대의 대부분의 철학과도 정면으로 대립하고 있지요. 당시의 주류는 그렇지 않았습니다. 예를 들어 이시다 바이간(石田梅巖, 1685~1744)[22] 같은 대중적인 교사들은 모두 마음이 올발라야 행동거지도 좋아진다고 했던 거지요. 극단적인 경우에는 마음이 좋으면 행동이야 나쁘더라도 앞으로의 행동이 좋을 터이니 봐줄 만한 게 되는 거죠. 슌다이는 완전히 반대입니다.

마루야마 ｜ 슌다이는 『경제록』에서도 획기적인 발언을 합니다. "물리

(物理)와 도리(道理)를 구별해서 리(理)를 아는 것이 중요하다. 여기서 말하는 리는 도리의 리가 아니라 물리의 리다"라고 말입니다. 경제에서 일종의 법칙 개념이라고 하는 것은 획기적이지요. 이 물리와 도리의 구별을 니시 아마네(西周)가 계승합니다.

가토 ｜ 그 구별은 소라이에게서 비롯된 거지요.

마루야마 ｜ 그렇습니다. 소라이에서 시작되어 슌다이를 통해 물리와 도리를 구별하는 사고방식이 등장하고 그 흐름을 계승해서 니시가 나온 거죠. 『백일신론』(百一新論)에서 서양의 피직스(physics)는 물리에 해당한다고 말합니다. '격물수학'(格物數學) 등 여러 가지로 표현했지만 말이죠.

가토 ｜ '도리'와 대립하는 의미의 '물리'라는 말 자체는 슌다이로부터 나온 거로군요.

조어(造語)를 둘러싸고

가토 ｜ 그런데 그런 논리의 벽에 부딪히거나 번역어 선택에 어려움이 있을 때에 역자들은 어떻게 그 난관을 뛰어넘었던 걸까요? 번역한다고 하는 행위의 현실적인 면으로 눈을 돌리면 의문점이 숱하게 나옵니다.

성경의 일본어 번역은 어떻게 이루어졌을까요? 한역(漢譯) 『만국공법』(萬國公法)에서는 선교사 마틴(Martin)이 4명의 중국인 조수와 함께 공동번역했음을 짐작할 수 있습니다.(다음 장 참조) 성경 번역에 대해서는 에비사와 아리미치(海老澤有道, 1910~1992) 씨의 연구가 있습니다만,[23] 신조어 같은 것은 함께 생각하면서 만들었지요.

마루야마 | 그래도 그 번역은 탁월합니다. 중국의 성경은 어떨까요? 선교사의 번역어라고 한다면, '자유'(自由)라는 말도 아주 이른 시기에 포르투갈어에서 번역했던 겁니다. 근대적인 '자유'에 대해서는 이시다 다케시 씨 등이 조사하고 있습니다만, 중국과 일본 어느 쪽이 빨랐을까요?

가토 | 이시다 씨의 연구에 따르면 분명히 네덜란드어 프레헤드(vrijheid)로부터……. 통역이 번역보다 이전의 일이지요.

마루야마 | 그것은 무엇보다 요시다 쇼인이 그렇게 말하고 있습니다. 1859년 기타야마 안세이(北山安世)에게 보낸 편지에서 "나폴레옹(那波列翁)을 일으켜 프레헤드(フレーヘード)를 외치지 않으면"이라 해서 그 말을 쓰지요.

가토 | 양쪽 다 쓰였던 것 같습니다. 프레이헤이트(フレイヘイト)라고 가타카나로 쓴 음차(音借), 그리고 '自由'라는 번역어 두 가지 다 말입니다.

그런데 『미쓰쿠리 린쇼 평전』*에 따르면, 미쓰쿠리는 1887년(메이지 20)의 연설에서 번역 사업에 대해 말하면서, '권리'(權利)와 '의무'(義務)는 중국에서 채용했다고 합니다. '동산'(動産), '부동산'(不動

---

* 大槻文彦 編, 『箕作麟祥君傳』, 丸善, 1907.

産), '미필조건'(未必條件)은 자기가 만든 신조어라고 하면서 "지금은 이 말들이 훌륭하게 통용되고 있다"고 하지요. 메이지 20년대에는 보급되고 있었다는 말입니다. 미쓰쿠리라는 사람은 그처럼 방대한 번역을 했으니만큼 수많은 조어가 있었겠지요.

마루야마 | 대부분의 법률용어는…….

가토 | 법률은 조어를 만들지 않으면 번역할 수 없으니까요. 미쓰쿠리는 민법도 번역했지요.

마루야마 | 형사소송 같은 경우에 조어가 가장 필요합니다.

가토 | '민권'(民權)이라는 조어에 대해서는 단수와 복수의 문제를 얘기할 때에도 나왔습니다만, 프랑스어 droit civil의 번역으로서는 역시 미쓰쿠리가 1887년의 연설에서 자신의 조어라고 말하고 있습니다. "백성(民)에게 권력(權)이 있다니 그게 무슨 말이냐!"는 논의가 일어 비난을 받았다고 하지만 말입니다.

마루야마 | 이시이 겐도(石井研堂, 1865~1943)[24]의 『메이지 사물기원 개정증보판』(增訂明治事物起源)에는 초대 사법부 장관(司法卿) 에토 신페이(江藤新平, 1834~1874)[25]가 1872년(메이지 5) 미쓰쿠리에게 프랑스 민법을 번역시킬 때 민권이라는 글자가 나온 것이 처음이라고 했습니다. "당시, 민권이 현실에 부합되느냐고 하며 이를 부정하는 사람이 많았지만, 에토 씨는 거기에 따르지 않았다"고 에토 신페이 추도연설에 나와 있는 것이 1911년(메이지 44)이죠.

가토 | 그건 출처가 같군요.

마루야마 | 거기에 근접한 사례는 1874년(메이지 7) 사가(佐賀)의 난

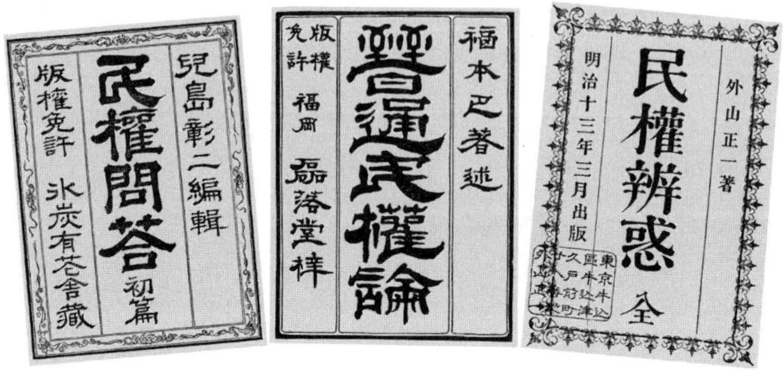

『민권문답』『보통민권론』『민권변혹』
메이지 전반기 자유민권운동의 사회적 확산을 보여주는 저작들.

때에 사가 정한당(征韓黨)이 쓴 격문(檄文)의 경우입니다. 앞부분에 "국권이 행해지면 민권은 따라서 온전해진다"고 되어 있죠. 하지만 그건 droit civil은 아닙니다. 인민의 권리라는 의미지요. 메이지 7년이니까 상당히 빠릅니다. 앞의 사례가 메이지 5년이지요. 이시다 다케시 씨에 의하면,[26] 적어도 메이지 7년에 우키타 고주로(宇喜多小十郎)의 『민권야화』(民權夜話), 다케나카 구니카(竹中邦香)의 『민권대의』(民權大意)라는 두 권의 저서가 나왔고, 그 뒤로 제목에 민권이 붙는 저작으로는 고지마 쇼지(兒島彰二)의 『민권문답』(民權問答), 후쿠자와 유키치의 『통속민권론』(通俗民權論), 가미니시 쇼헤이(上西昇平)가 편집한 『민권신론』(民權新論), 후쿠모토 도모에(福本巴)의 『보통민권론』(普通民權論), 단바 준이치로(丹羽純一郎)의 『일본민권진론』(日本民權眞論)과 『통속일본민권정리』(通俗日本民權精理) 등이 나오지요. 그 중에서 단바의 저작 두 권의 경우가 이른바 민권론의 민권과 다르지 않은가 생각됩니다. 민권이라고 할 경우에는 일본민권이라는 식으로 말하지 않고 그저 민권이라고 하는 게 일반적이니까요. 그건 droit civil이니까 당연한 거죠. 일본의 droit civil로서 민권을 수용한 것은, 단바의 저작들이 1878년(메이지 11)에 나오니까 빠르기는 빠릅니다.

우에키 에모리(植木枝盛, 1857~1892),[27] 도야마 마사카즈(外山正一, 1848~1900)[28]는 민권자유론이죠. 도야마의 『민권변혹』(民權弁惑, 1880)은 진화론의 입장에서 쓴 것이라, 가토 히로유키(加藤弘之)처럼 민권론을 취하고 있습니다. 이시다 다케시 씨는 1870년 말경에는, 반대론까지 포함해서, 민권이라는 관념이 보급되었다고 봅니다. 중국에서는 좀 늦어서 1890년대에 량치차오(梁啓超, 1873~1929) 등에 의해서 민권이라는 말이 사용되지요.

가토 ｜ 파생된 의미의 계통이 두 가지라서 확실히 단정할 수는 없지만, 누가 썼느냐는 것은 별개로 치더라도 '민권'은 신조어임에 틀림없군요.

마루야마 ｜ 확실히 조어입니다. 또 자기 생전에 나온 『후쿠자와 전집』(福澤全集)의 머리말(1898)에 후쿠자와가 조어에 대해 언급하고 있는 부분이 있어요. 자기가 만든 조어라고 자랑스레 적고 있는 것이 演說입니다. 전집 머리말의 '가이기벤'(會議弁) 부분에서, 그때까지는 speech의 번역으로 演舌을 썼는데 그것을 자기가 演說로 바꿔서 세상에 퍼졌다는 거죠. 그 밖에도 second를 贊成, debate를 討論이라 번역했습니다. 재미있는 것은 copy right를 版權이라고 한 점이에

요. 『학문을 권함』(學問のすすめ)은 총 300만 부가 팔렸는데, 그 중에서 20만 부 정도를 빼고는 거의 다 해적판이었습니다. 이런 문제로 골머리를 앓았던 후쿠자와다운 조어라고나 할까요. 그리고 簿記를 '조아이노호'(丁合の法)라고 했는데 지금은 사용하지 않습니다.

가토 | 일반적으로 신조어는 거의 모두 한자라고 해도 되겠죠. 조어에는 세 가지 종류가 있다고 생각합니다. 하나는 기존 한자의 의미를 바꾸지 않고 조합해서 쓴 경우, 두번째는 '자유'처럼 이전부터 있었던 한어(漢語)의 의미를 바꿔서 사용한 경우, 세번째로는 '부동산'처럼 완전히 새롭게 만들어 낸 경우지요. 야마토(大和) 말은 없었을까요? 전체적으로 메이지 시기의 사회에서는 히라카나를 쓰면 위엄이 서지 않았던 걸까요? 법률 같은 것은 특히 거만하게 보이는 것이 원칙이니까 말입니다.

번역어의 문제점

마루야마 | 번역어의 문제는 광범위한 문제입니다. 특히 전통적인 용어를 어떻게 썼는가 하는 것은 흥미로운 문제지요.

가토 | 번역 방식의 문제군요.

마루야마 | 그렇죠. 특히 주자학의 '격물궁리'(格物窮理)는 자주 쓰였습니다. 물리학은 처음에 격물학으로 번역되었고, 철학도 궁리학이라고 했죠. 나카에 조민의 경우에는 이학(理學)이라 했습니다만, 보

통 이학이라고 할 경우에는 자연과학만을 가리켰지요. 아무튼 주자학의 '궁리'도, '격물'도 그런 식으로 바꿔 읽게 되어, 『만국공법』에서 파생된 천지(天地)의 공도(公道)라고 할 때의 '도'(道)라는 글자 역시 전통적 범주라고 할 수 있습니다. 그런데 메이지 10년대가 되면 배젓 (Walter Bagehot, 1826~1877)[29]이 집중적으로 주목을 받습니다. 그의 『영국 헌정론』(*The English Constitution*, 1867)은 여러 종류의 번역이 나오지요. 배젓의 또 다른 주요 저작인 『물리와 정치』 (*Physics and Politics*, 1872)도 1882년(메이지 12)에 번역되는데, 그 제목이 『격물정리학』(格物政理學)이에요. physics는 '격물', politics가 '정'이고, '정리'의 '리'는 이성(理性)의 리입니다. 『물리와 정치』는 물리학의 원칙으로 정치를 파악하고자 한 것이니까 '격물정리학'이라는 말은 아주 정확한 번역입니다. 하지만 physics를 '격물'이라고 번역했다는 것은 역시 전통적인 용어를 사용하고 있는 좋은 예라고 생각합니다.

책 제목의 번역어가 크게 영향을 끼쳤던 전형적인 사례는 앞에서 말했던 스펜서의 『사회정학』(*Social Statics*)입니다. '사회의 평형'이라는 원래 제목을 마쓰시마 쓰요시가 '사회평권론'으로 번역했기 때문에 자유민권운동의 베스트셀러가 되었죠. 모두 6권이나 되는데도 불티나게 팔렸어요. 다시 말하지만 스펜서라는 사람은 당시에 그리 진보적인 인물이 결코 아니었습니다. 가네코 겐타로(金子堅太郎, 1853~1942)[30]에게, 너무 자유민권적인 헌법을 만들지 않는 편이 좋다고 충고한 사람이죠. 그렇긴 해도 『사회정학』에는 국가를 부정하는 권리 같은 것도 논의되고 있습니다. 국적을 이탈하려는 움직임이 자유민권운동 등에서 나왔던 것도 그 영향 탓입니다.

라틴어·그리스어에 대한 지식은 있었을까?

가토 │ 메이지의 역자(譯者)들은 법률에서도 정치에서도 또 역사에서도 여러 가지 새로운 개념을 번역하지 않으면 안되었을 텐데, 거기서 피하려야 피할 수 없는 한 가지 문제는 추상어의 번역 방식입니다. 대부분은 본래 일본어에 없는 개념이지요. 역자들은 그리스어나 라틴어를 어느 정도나 알고 있었던 걸까요? 현대어의 의미만을 알고 있었을까요, 아니면 어원으로 거슬러 올라가서 그리스어나 라틴어의 뜻까지 알았던 사람이 있었을까요?

마루야마 │ 거의 없었다고 생각합니다. 가토 히로유키의 『국법범론』(國法汎論)[31]이라거나 법률 같은 것은 특히 로마법을 기초로 한 것이 많지요. 따라서 그리스어는 별로 나오지 않고 라틴어가 기본인 셈입니다. 그런데 오늘날 우리도 그렇지만 그 용어만 외워 버리는 거죠. 거기에 대해서는 일본으로 온 외국인 교사들에게 물어봤을 거라고 생각합니다.

가토 │ 글쎄요, 텍스트에는 나오지 않더라도 영어화되었다거나 용어화된 말들 가운데 어원적으로 그리스어나 라틴어에서 유래하는 추상어는 많지요. 그것을 따로 나눠서 생각했을 것 같지는 않은데요.

마루야마 | 아니, 나눠서 생각했다는 게 아니죠. 내가 말하는 것은 전문 용어(technical term)입니다.

가토 | 예를 들어서 '필로소피'(philosophy)라고 할 때 '필로'(philo)와 '소피아'(sophia)의 의미를 알고 있었을까요?

마루야마 | 니시 아마네는 어느 정도 알고 있었습니다. 그가 굳이 '희철학'(希哲學)이라고 번역한 까닭은, '예지(叡智)를 사랑한다'는 의미이기 때문에 희망의 '희' 자를 넣었던 거죠.

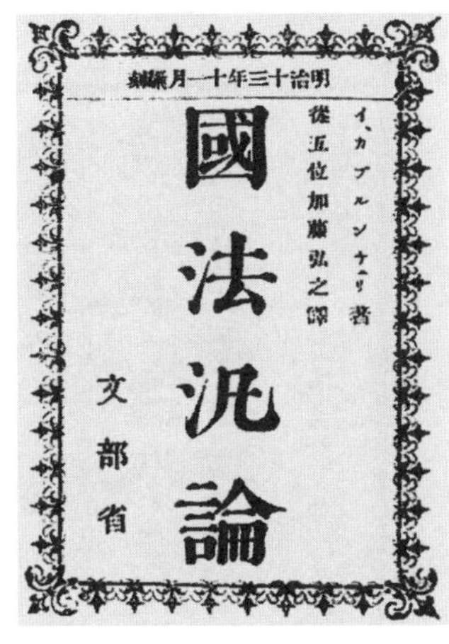

『국법범론』 가토 히로유키가 스위스 출신의 독일 법학자 블룬칠리의 『일반국가법』 제4판을 번역한 책.

그러니까 알고는 있었던 거지만, 그것은 라틴어에 대한 지식이 있었기 때문이 아니라 서양 책 속에 그 말의 유래가 쓰여 있었기 때문입니다. '사랑한다'라는 말과 '소피아'(知)를 붙인 것이라고 말입니다. 그것은 법률 같은 경우에도 모두 그랬다고 생각합니다. 그런 의미에서는 lex naturaris, 요즘말로 자연법입니다만, 당시의 번역어로 말하자면 '성법'(性法)입니다. 그 말이 언제쯤 자연법으로 된 걸까요? 어쨌든 '성법'은 lex naturaris의 번역이라는 식으로, 용어는 아마 라틴어를 그대로 외웠을 겁니다.

가토 | 의학 관계 용어 중에는 라틴어가 많은데, 그 가운데 일부는 그리스어가 변화된 라틴어죠.

마루야마 | 난 의학에는 문외한이지만, 용어에 관해서는 마찬가지겠

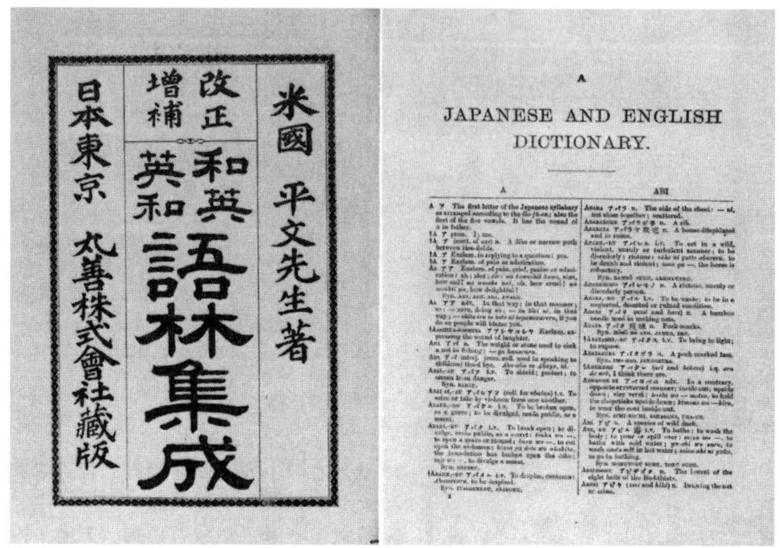

헵번의 『화영어림집성』 일본 최초의 일영사전으로 '문명개화'(文明開化) 시기의 언어상황을 충실히 반영하고 있다. 제3판까지 증보된 단어가 무려 1만 자이고 대부분은 한어 조어이다.

지요. 사전이나 용어집은 각 분야별로 엄청나게 빠른 시기에 만들어집니다. 의학 용어에 대해서도 사전이 있어서 잘 알려져 있었으리라 생각해요. 하지만 그 용어들은 개별적인 말의 문제였지 그 문명사적인 유래를 이해하고 사용할 정도까지는 못되었을 거라고 생각합니다.

가토 | 그리스도교가 보급되고 있으면서도 아직 선교사가 많지 않았던 시대에 선교사로부터 고전어를 배운 사람은 많지 않았다고 볼 수 있을까요?

마루야마 | 조사해 본 적은 없지만 메이지 초기의 선교사들은 언어든 박물(博物)이든 마치 만능교사라도 된 듯 가르쳐 달라는 주문을 받았겠죠. 〔헵번식 로마자 표기법의 창시자로 유명한 의사〕 헵번(James

Curtis Hepburn, 1815~1911)[32]인들 모든 학문에 정통하지는 않았을 테니 상식 정도가 아니었을까요? 그리스도교 자체의 입장에서 말한다면 당시는 오히려 지성적인 교육방식을 의식적으로 피하고 있습니다. 그리스도교의 가르침 자체를 감득(感得)시키자는 생각이었기 때문에, 신학은 거의 가르치지 않고 그리스도의 복음 그대로를 가르쳤지요. 라틴어 지식이라거나 하는 그런 영향은 그리스도교 쪽에는 거의 없었던 게 아닐까요?

3
만국공법의 이모저모

막부 말기의 슈퍼 베스트셀러

마루야마 | 그런데 막부 말기의 2대 베스트셀러는 뭐니뭐니 해도 후쿠자와 유키치의 『서양사정』과 휘턴(Henry Wheaton, 1785~1848)의 『만국공법』(萬國公法)이죠. 일본의 '국제법'에는 두 가지 기원이 있습니다. 하나는 휘턴의 만국공법, 또 하나는 네덜란드인 비세링(Simon Vissering, 1818~1888)의 강의록입니다.

가토 | 두번째는 1862년(文久 3)부터 1865년(慶應 1)에 걸쳐서 니시 아마네와 쓰다 마미치(津田眞道, 1829~1903)가 유학지인 [네덜란드의] 라이덴 대학에서 필기한 강의록이죠.

마루야마 | 그렇습니다. 비세링의 강의는 『성법략』(性法略)[1]과 『만국공법』으로 일본에 소개됩니다. '성법'이란 자연법을 말합니다.

'만국공법'이라는 제목도 우연히 같습니다만, 휘턴의 『만국공법』 번각본(飜刻本) 출판이 1865년(慶應 1)이고, 비세링의 『만국공법』을 니시 아마네가 강의한 것이 이듬해, 그 출판이 1868년(慶應 4)이니까, 어느 쪽이 먼저인지를 가리기가 힘들 정도죠.* 아무튼 두 책 덕분에 '만국공법'이라는 인식은 단숨에 확대되었습니다. 추측을 섞어서 말하자면 「5개조 서문」에서 "구래의 누습(陋習)을 타파하고 천지(天地)의 공도(公道)에 기초할 것"이라고 한 것은 '만국공법'에서 유래한 게 아닐까요?[3] 물론 유교의 영향도 있습니다. 유교 고전에는 '천지'

---

*惠頓 撰, 丁韙良 等譯, 開成所版 飜刻, 『萬國公法』; 西周助 譯, 『和蘭畢酒林氏萬國公法』.[2]

『만국공법』과 『성법략』
비세링의 강의 중 국제법과 자연법 부분을 정리하여 번역한 책. 국가법은
쓰다 마미치가 『태서국법론』(泰西國法論, 1868)으로 번역했다.

도 있고 '공'이나 '도'도 있지요. 하지만 막부 말기에 자주 사용되었던 '천지의 공도'라는 관용구(慣用句)에는 '만국공법'을 염두에 두고 이것에 의거해서 새로운 시대를 열겠다는 자세가 엿보입니다. 아직 윤리와 법률이, 다시 말해 세계에 통용되는 자연법적 도리와 실정법으로서의 국제법이 뒤섞여 있기는 했지만 말입니다.

휘턴의 『만국공법』의 경우는 그렇기 때문에 흥미로운 거지요. '번역'의 문제가 바로 거기에 있습니다. 잘 아시다시피 원저인 『국제법의 요소들』(*Elements of International Law*, 1836년 초판)을 미국 선교사 윌리엄 마틴(William A. P. Martin, 1827~1916)이 중국에서 딩웨이량(丁韙良)이라는 이름으로 번역해서 한역 『만국공법』을 냈습니다.(1864년〔同治 3〕간행) 거기에 니시 아마네가 구두훈점을 붙여 막부의 개성소(開成所)에서 출간한 것이 앞서 말한 1865년의 『만국공법』

이죠. 그런데 이해하기 어려웠던 탓에 일본어로 더 완전히 번역하려는 움직임이 나왔습니다. 1868년(메이지 1) 쓰쓰미 고시시(堤穀士志)가 번역한 『만국공법 역의』(萬國公法譯義), 그리고 1870년 시게노 야스쓰구(重野安繹, 1827~1910)가 번역한 『화역 만국공법』(和譯萬國公法)이 그것입니다.*

가토 | 쓰쓰미라는 인물은 정체불명이지만 국학자 계통을 이은 사람이라고들 하지요.

마루야마 | 나도 잘 모릅니다. 시게노 야스쓰구는 가고시마(鹿兒島)번 출신의 유명한 한학자입니다만. 아무튼 『역의』도 『화역』도 중간에서 번역이 끝나 아쉽지만, 자세히 들여다보면 아주 재미있어요.

가토 | 휘턴의 원문을 마틴, 곧 딩웨이량이 어떻게 한역했을까요, 또 그것을 일본어로 하면 어떻게 될까요? 시게노의 번역에 대해서는 캘

---

* 휘턴은 미국의 외교관, 국제법 학자. 원저는 출판 이후 100년 동안 영미에서 판을 거듭했으며, 프랑스어·독일어·스페인어·이탈리아어 번역까지 나올 정도로 국제적으로 큰 영향을 미쳤다. 마틴에 의한 중국어 번역은 허스명(何師孟), 리다원(李大文), 장웨이(張煒), 차오징룽(曹景榮) 등 중국인 4명의 협력을 얻어 원고를 작성한 뒤에 4명의 총리아문(중국 정부) 비서 천친(陳欽), 리창화(李常華), 팡쥔스(方濬師), 마오훙투(毛鴻圖)가 반년에 걸쳐 교정을 해서 1864년 4월에 완성했다. 마틴은 이 책의 서문에서 "(원저의) 장황하게 논의한 부분을 생략하고 ……때로는 필요 없는 상세한 정보를 약간 간략하게 했고, 어떤 경우에는 논리의 명쾌성을 살리기 위해 (원저의 의미를) 조금 부연해서 설명하기도 했다"고 말했다. 이 중국어판은 바로 일본에 들어와서 1865년 훈점을 붙인 개성소판이 나왔다.(훈점은 니시 아마네가 붙임) 쓰쓰미 고시시의 『만국공법 역의』, 시게노 야스쓰구의 『화역 만국공법』은 이 중국어판을 일본어로 번역한 것인데 원저는 참조하지 않은 것 같다. 또 『만국공법 역의』는 제2권 제2장까지만 번역되었다. 역자인 쓰쓰미의 경력은 알 수 없다. 『화역 만국공법』은 제1권 제2장에서 끝난다. 역자 시게노 야스쓰구는 사쓰마 번 출신의 사학자이자 한학자로서 엄밀한 실증주의를 주장한 인물로 유명하며 나중에 제국대학 교수를 역임했다.

『만국공법』 마틴이 번역한 한역 『만국공법』의 번각본들 중 하나.

리포니아 대학의 장자닝(張嘉寧) 씨가 봐줬습니다만 『역의』 쪽은 어떨지…….

마루야마 │ 책머리의 범례에서 "이 번역본은 보통사람들이 알아보는 것을 가장 중요시하기 때문에, 서민(閭閻)들에게 통용되는 언어를 많이 섞어서 그렇게 우아한 문장(雅馴)은 아니다"라고 했듯이, 속어를 사용해서 쉽게 쓴 것임을 밝히고 있지요. 나는 『역의』의 제2권 제2장, 영문으로는 Part II의 Chapter II에 해당하는 부분을 본 적이 있습니다. 국제사법(國際私法) 부분이죠. 영문에서는 "다른 국가의 민법과 형법에 대한 분쟁을 결정하는 규칙을 모은 것을 국제사법이라고 불러서, 국가간의 관계를 규율하는 국제공법과 구별한다"(제8판)라는 식으로 나옵니다.[4] 그런데 이 부분이 『역의』에는 완전히 생략되어 있어요. private international law, 곧 '국제사법'이라는 의미를 몰랐기 때문이라고 생각됩니다. 이 국제사법과 '구별하는' 것이 public international law죠. 이것이 이른바 '만국공법'입니다. 국제사법까지 합해서 『만국공법』이라고 번역한 것 자체가 재미있는 일입니다.

국제사법이라는 것은 우리에게도 골치 아픈 문제입니다. 국제화 시대에는 더욱 그렇죠. 예를 들어서 미국에서 토지를 구입할 경우에 민법과 어떻게 관련되는가, 그것과 주권은 어떤 관계에 있는가 하는 등등의 문제죠. 국제결혼도 그렇습니다. 메이지 역사를 공부하면 '만국공법'의 전제가 되는 국가평등관은 가르치지만, 국제사법에 대해서는 법학부 학생조차도 거의 아는 게 없습니다. 그런 걸 감안할 때 『역의』는 잘 번역되어 있는 편이죠. 법률 문장이라는 게 워낙에 악문(惡文)이라서 어려운 부분은 생략하고 있지만 대강의 뜻은 틀리지 않습니다. 당시로서는 놀라운 일이죠.

이 장의 원제인 Rights of civil and criminal registration을 『역의』에서는 "律法을 制定하는 권리를 논함"(한역은 '論制定律法之權')이라 했는데, 이것 자체가 바로 국제사법인 겁니다. 민법과 형법상의 권리로서 국가간의 문제가 아니지요. 예를 들어서 어떤 국가의 국내 민법과 형법에 따르고 있는 사람이 범죄를 저지르고 다른 나라로 도망쳤을 때 관할이 어디까지 미치는가 하는 문제를 다루고 있습니다. 예전에는 속인주의(屬人主義)와 속지주의(屬地主義) 두 가지가 있다고 배웠어요. 속인주의의 경우 범인이 어디로 도망가든지 잡을 수 있습니다. 속지주의일 경우는 미국으로 갔을 때 미국 법률에 따른다는 사고 방식이지요. 이것이 모두 국제사법입니다. 훨씬 재미있는 경우가 휘턴의 책에는 나오는데, 『역의』에서는 중간에서 그치고 맙니다.

가토 | 하지만 법률 용어도 술어도 어려워서 보통 영어로는 상상도 할 수 없지요.

마루야마 | 일본 민법은 독일 민법의 영향을 받았기 때문에, 우리는 독일어로 배웠습니다. 영미법과는 워낙 언어가 다르죠. 일본 최초의 민법은 나폴레옹 법전에 따르고 있고, 메이지 말기에 민법이 개정되었을 때 독일 민법(Bürgerliches Gezetzbuch, 속칭 BGB)으로 바뀝니다. 패전 이후 친족·상속법은 거의 바뀌었지만, 민법 전체로서는 패전 이전부터 지금까지도 통용되고 있는 것이 기본적으로는 BGB입니다.

영미법이 본격적으로 들어온 것은 패전 이후죠. 재판법이 영미법으로 바뀌어 검사가 단상에서 내려와 변호사와 나란히 앉게 된 것은 영미법의 형식입니다. 패전 이전에 검사는 국가권력의 대표로서 단상에 있었지요. 그런데 사법(私法)의 규칙상 재판관이 중재자(umpire)가 되고, 피고에 대해 국가도 대등한 입장에서 원고가 된다는 것이 영미법의 사고방식입니다. 우리 학생 시절에는 대륙법이 중심이어서 영미법의 재판 절차는 배우지 못했습니다.

ELEMENTS OF INTERNATIONAL LAW. PART II CHAPTER II

『만국공법』 원문과 한역 번각판 대조

원서에는 한역 번각판의 제2권 제2장의 목차만 수록되어 있으나 여기서는 영어 원문과 대조해 놓았다.

『万國公法』第二卷

第二章　目次（開成所版）

第二章　論下制二定律法一之權上

第一節　制レ律專權

第二節　變通之法

變通之法大綱有レ二

簡要三則

三則合一

昔以二外人遺物一入レ公

古禁三外人購二買植物一

第三節　植物從二物所レ在之律一

遺産徒レ外酌二留數分一

第四節

第五節　動物從二人所レ在之律一

第六節　內治之權

法行二於疆外一者

第七節　第一種定二己民之分位一

准二外人入一レ籍

制二疆內之物一

律從二寫レ契地方一

第二種就レ事而行二於疆外一者

其不レ行者有レ四

不レ合二於物所レ在之律一則不レ行

妨二害於他國一則不レ行

遇三契據應レ成二於他國一則不レ行

第八節

遇乙案之應下由二法院條規一而斷上者甲

則不レ行

第九節　第三種就レ人而行二於疆外一者

因二一案一覆二論三端一

君身過二疆國一權隨レ之

使臣在二外國一權隨レ之

兵旅過二疆國一權隨レ之

兵船別歸二一例一

法國接二待商船一之例

按二此例一罪分二二等一

公案二件

不レ得下藉二此例一而謀爲中不軌上

犯二局外之權一而捕二拏船貨一進レ口
必歸二地方管轄一

第十節
船隻行二於大海一均歸二本國管轄一
海外犯二公法一之案各國可レ行二審弁一
他國之船不レ可二稽察一

第十一節
第四種因レ約而行二於疆外一者
領事等官

第十二節　審レ案之權各國自秉

第十三節　四等罪案審罰可レ及

第十四節　交二還逃犯一之例

第十五節　法院定擬傍二行於疆外一

第十六節　審レ斷海盜一之例
各國或別有二海盜之例一

第十七節　疆內動物之爭訟審權可レ及

第十八節　疆內植物之爭訟審權可レ及
公二禁販賣一人口
繼二遺物一之例

第十九節　以二他國法院曾斷一爲レ准

第二十節　疆內因二人民權利等爭端一審權可レ及

第二十一節　斷二案之法興レ訟之例有レ別
涉レ身之案他國既二斷本國從一否

영어·중국어·일본어를 대조하다

가토 ｜ 그런 영미 법률용어와 사고방식을 메이지의 일본인들은 한역을 매개로 해서 받아들였을 텐데, 영문과 『역의』를 보면 예를 들어서 어떤 사례가 있습니까? 둘 사이의 어긋남이랄까 말이죠.

마루야마 ｜ 예를 들자면, 『역의』에 '動物'이라는 말이 있습니다. '이게 뭐지?' 하면서 영문을 보니까 '동산'(動産)을 가리킨 거였어요. "그 家가 사는 土地의 律法에 따르지 그 物이 있는 土地에 따르지 않는 경우가 있다"고 설명이 붙어 있지요.

가토 ｜ 본래는 중국어지요. 한역본에 "動物從人所在之律"(제5절)이라고 되어 있습니다.

마루야마 ｜ 영문에는 personal property라 되어 있고 라틴어로 mobilia라고 쓰여 있습니다. mobilia란 동산·부동산이라고 할 때의 '동산'이죠. 그리고 real property라는 것은 법률용어로서 '물건'(物件), '부동산'을 말합니다.

가토 ｜ 한역에서 real property는 '植物'로 되어 있죠. "植物從物所在之律"(제3절)이라고 말입니다.

마루야마 ｜ 결국 금전이라거나 보통의 동산, 곧 토지나 건물이 아닌 것에 대해서는 mobilia라고 하죠. 이건 분명히 '동산'입니다.

　다른 재미있는 사례로는, 예를 들어서 『역의』에 "본국에서 이제 虧空放釋한 뒤"라고 되어 있지요. '虧空' 왼쪽에 'ブンサン'(分散, 채무자의 희망에 의한 자기 파산을 뜻한다. 에도 시대의 관행으로서 채권자들은 재산을 서로 분배해서 갖는다―옮긴이) ‘放釋’ 왼쪽에는 ‘ゴメン’〔御免〕이라고 가나가 붙어 있습니다. ‘파산’을 뜻하는 bankruptcy를 한역에서는 ‘虧空’이라고 했던 것 같아요. ‘放釋’의 영어 원문은 discharge입니다. 곧 파산해서 파산을 정식으로 신청하면 파산관재인(管財人)이 재산을 처리하게 되기 때문에 채권자는 채권을 동결당하여 채무자로부터 직접 (재산을) 가져올 수 없게 됩니다. 채무자는 일일이 개별 채권자에게 빚을 갚지 않아도 되죠. 그것을 discharge라고 합니다. 일본식 표현으로 ‘免債’(멘사이), 곧 채무를 면제하는 것을 여기서는 ‘放釋’이라고 한 거죠. 이것은 곧 공법과 사법을 구별하는 감각이 없이, 윗사람이 석방한다고 할까, 그런 사고방식을 배경으로 한 번역 방식이지요.

따라서 그 단락 첫머리를 보면 『역의』에 “무릇 빚(債)을 지고도 변제하지 않는 경우는”이라고 되어 있는 부분에서 ‘債’ 왼쪽에 ‘シャッキン’〔借金〕이라고 훈이 붙어 있는데, 이어서 “이제 釋放이 되면”이라고 되어 있지요. 여기서 ‘釋放’이 바로 discharge인 겁니다. 이 ‘釋放’ 왼쪽에 붙은 가나는 ‘シャメン’〔赦免〕이죠. 그리고 “이것은 유럽·미국에서 주공법(洲公法)의 통례(通例)다”라고 되어 있습니다. 원문에는 private를 생략하고 international law라고만 쓰여 있기 때문에 파악하기 쉽진 않지만, 앞서 말한 바와 같이 공법이 아니라 국제사법인 것이죠.

『역의』의 번역 방식은 한어를 보고 원어의 무엇에 해당하는지를 바로 알 수 있는 경우도 있습니다만, ‘負缺者’ 등 어려운 경우에는 왼쪽

에 'カリテ'〔借手, 채무자〕라고 훈독되어 있는 것을 보고서야 비로소 알 수 있습니다.

가토 | 중역(重譯)이니까요. 상당히 생략되어 있습니다.

마루야마 | 덧붙여 놓고 있는 부분도 있기는 합니다. Validity interpretation, 곧 '유효성과 그 해석' 부분이 그렇습니다. execution은 일본 법률 용어로 말하자면 '契約의 行使'인데, 여기서는 '成就'라고 되어 있습니다. '契約의 行使'가 될 것이 '契據의 成就'로 된 거죠. "그 契據의 虛實을 審案하고 그 詞義(말)를 解說하는 것과는 다른 것으로서"라고 되어 있는데, 『역의』만 읽고서는 무슨 뜻인지 알 수가 없습니다. 원문에는, 계약이 행사된다고 하는 것은 그 계약 자체의 유효성 문제, 그리고 적용될 조문의 해석을 조사하는 것과는 별개의 문제다, 다시 말해서 계약 자체가 법적으로 효력이 있는가 없는가 하는 문제와 그 계약이 이미 이행되었는가 아닌가 하는 문제는 별개의 문제라고 되어 있지요.[5] 그러한 법의 해석을 잘 파악하지 못했던 것이 아닐까요? '虛實을 審案하고'가 validity에 해당하고, 그 말을 '解說하는'이라고 한 것이 interpretation에 해당한다고 생각합니다.

전통적인 용어는 어떻게 번역했을까?

가토 | sovereign은 어떻습니까?

마루야마 | '君主'로 되어 있죠. '君' '君上' '國主'라고도 했습니다. 아

주 재미있습니다. 원문에 prince라는 용어를 사용하고 있는 부분도 있으니까 prince의 번역어라면 이해가 되지만 말입니다.

가토 │ 중국의 어감으로는 '君'은 최고 지도자니까 일본적인 '君'보다도 좀 폭이 넓을지 모르겠군요. 중국어 번역을 그대로 채용하면 거기에 따른 어긋남도 생겨나겠죠.

마루야마 │ 그리고 이건 중국어를 번역한 것이기 때문에 당연한 것입니다만, 그야말로 중국적이라고 생각한 것은 The person of an ambassador, and other public minister라고 한 부분이 '欽差'(천자〔天子〕의 사자〔使者〕, 곧 칙사)라고 되어 있는 부분이지요. 『역의』는 "欽差〈官名〉 등의 國使는 타국에 출장을 간다 하더라도 출장간 곳의 관할에 속하지 않는다"고 했어요. '欽差'라는 말은 외교문서에 늘 등장하기 때문에 당시의 보통 일본인은 아마 알고 있었으리라 생각합니다. 영어에서 직접 일본어로 번역했다면 '欽差'라고는 번역하지 않았을 겁니다. 이런 부분은 중역에서 비롯되는 문제지요.

가토 │ sovereign에 대해서, 이것은 장자닝 씨가 조사해 준 제1권 제2장의 사례입니다만, 중국어 번역에는 '主權'이라고 되어 있는데도, 시게노(重野)는 '國主'라고 번역한 부분이 있습니다. 시게노의 경우, 영문에도 중국어 번역에도 없지만 굳이 "〔sovereign을〕 君이라 한다면 國이란 뜻과 통하는 것이니, 이는 公法의 규정이다"라는 식으로 주석을 달기도 했죠.

마루야마 │ 『역의』에서는 원문에 없는 것을 덧붙인 사례로서 "그 근원을 찾자면 다른 나라가 자기 국권을 차지하는 것을 스스로 승인했기 때문에 빚어지는 일이다"라거나, "이야말로 다른 나라가 강제로 우리 국권을 빼앗으려 한다면, 그것은 옳지 않으므로 法이라고 여겨서는 안된다"라는 주석이 있습니다. "그것을 스스로 승인하는 데에는 두 가지 방식이 있다. 하나는 明許이고 또 하나는 默許다." 이것도 재미있습니다. 결국 consent에는 implicit consent와 explicit consent가 있는 거지요. '묵시적 승인'과 '명시적 승인' 말입니다.

가토 | 그건 법률용어입니까?

마루야마 | 그렇습니다. '명시'와 '묵시'라고 하지요.

가토 | 일본어에서 보통 '명시'는 쓰지만 '묵시'는 쓰지 않습니다. 일본에서 '묵시적'이라는 것은 법률가만 쓰는 말이 아닙니까? implicit라는 영어는 법률가가 아니더라도 흔히 사용하지만요.

마루야마 | implicit라는 것은 영어에서도 본래는 법률용어로서 explicit와 대비해서 쓰는 말이죠. 법률용어가 일반화된 사례입니다. 여기에는 expressed, implied라고 쓰여 있습니다. 우리 학생시절에는 이 expressed를 explicit로 배웠고, implied는 implicit라고 배웠기 때문에 '아아, 이거구나' 하고 바로 생각했습니다만. 『역의』가 "하나는 명허이고 또 하나는 묵허다"라고 확실히 번역하고 있는 것은 아주 탁월한 것입니다.

하지만 좁은 의미의 법률용어가 아니라, 앞서 말한 '주권자'가 '君主'로 되어 있다거나, 전통적인 용어를 어떻게 번역하고 있느냐가 흥미롭다고 생각합니다. 예를 들어서 "한편 각국의 君主는 仁義의 道를 가지고"라고 한 것도 걸작이지요. 영어에서는 humanity dictates라고 합니다. '휴머니티가 딕테이트하는(명령하는) 바에 따라서'라고 해 놓은들 알 수가 없었을 테죠. 그래서 '仁義의 道를 가지고'가 됩니다.(웃음)

이 부분[6]은 전체적으로 흥미로운 대목입니다만, "한편 각국의 군주는 인의의 도를 가지고 서로 너그러이 양보하고", 곧 서로 양보 — 이건 relaxation in practice를 가리키는 것입니다 — 한다고 해놓고, "자기 영역 내에서도 자기 주권을 엄중히 지켜, 世間을 좁히지 않는 것이 이제 상례가 되었으므로"라고 하니, 그야말로 횡설수설이지요. "世間을 좁히지 않는"다는 말은 영문에는 나오지도 않아요. 오히려 주권을 엄격히 실행해서는 안되는, 곧 자기 주권을 일부 제한하는 것을 상호 약속으로 인정한다고 하는, 주권의 자기 제한에 관한 조항인 거죠. 거기서 약간 뒷부분에 "만약 다른 나라와의 균형도 견주어 보지 않고"라고 한 것도 영문에는 없습니다. 주권의 자기제한 부분입니다. 여기서 "世間을 좁히지 않는 것이"라는 말은 바로 주권론에 관계되는 것이기 때문에 아이러니컬하게 들리긴 해도, '世間'이라는 말을 사용한 것은 무리가 없겠지요.

유명한 사례입니다만, 나카무라 마사나오(中村正直)가 밀(J. S. Mill)의 『자유론』(*On Liberty*)을 번역한 『자유지리』(自由之理, 1872)에는 society를 '仲間同士' 또는 '仲間' '仲間內'라 해놓고 그 주(割り注, 본문에 두 줄로 집어넣는 작은 글씨의 주—옮긴이)에다가 '곧 정부를 가리킨다'는 말을 꼭 집어넣고 있습니다. 아주 중요한 점인데도 불구하고 '정부'와 'society'=사회를 구별하고 있지 않은 거죠.

society는 꽤나 이해하기 어려웠던 것 같습니다. '정부'나 '국가'와 구별된 의미에서 '사회'라는 말이 나오게 되는 것은 1877년(메이지 10)경부터죠. 그때까지는 '社會'를 거꾸로 뒤집어서 '會社'라고 했죠. '會社'는 company의 뜻으로도 쓰이지만 동시에 '社會'라는 의미로도 쓰였습니다. 따라서 그런 식으로 전통적인 범위에서 이해하는 한 "世間을 좁히지 않는 것이 이제 상례가 되었으므로"라는 번역이 나오는 것도 무리는 아니라고 생각합니다.[7]

그리고 all civilized nations이라는 것이 때때로 등장하는데, 이것이 "그리스도교를 공통의 종교로 하는 나라들(耶蘇同宗ノ國)"로 번역되어 있습니다. 문명개화 시대니까 "모든 문명국가"라고 하면 좋았을 텐데 말이죠. 하지만 영문에도 뒤에 among Christian nations라는 표현을 쓰고 있으니까 틀린 말은 아닙니다.

가토 | 원저자인 휘턴 자신이 대충 그런 생각이었죠. 그에게는 실제로 구체적으로 무엇이 civilized nations인가 하면, 결국 Christian nations인 셈이니까요.

마루야마 | 그건 그렇습니다. 당시에 Christian nations에게만 국제법이 타당했던 것도 사실이죠. 그것은 후쿠자와가 몇 번이나 지적하고 있습니다. 국제법 같은 것이 마치 세계에 통용되는 것처럼 말하지만, 서양인이 동양인을 어떻게 취급하고 있는지를 보면 안다고 말입니다. 그는 홍콩과 인도에서 실제로 목격하고 있지 않은가, 노예처럼 취급하면서 인류보편의 법이라니 말도 안된다, 그것은 그리스도교 국가들 사이에서만 통용되는 것이다라고 역설하지요. 이것은 후쿠자와

가 국권론을 쓴 아주 중요한 배경이 됩니다. 따라서 Christian nations라는 것은 당시로서는 중요한 표현이기는 합니다. 점차 현실이 보이게 된 것이죠. Christian nations 사이에만 타당한 계약이라고 하는 현실 말입니다.

가토 ｜ 번역은 대개 선교사가 했습니다. 선교사라서 그랬던 걸까요, 아니면 반대로 텍스트 전체를 정확히 읽고 의미를 파악했기 때문에 결국 그렇게 번역했던 걸까요? 번역한 뒤에 다시 한번 원문을 참조하면서 파악한 것을 전달하는 듯한 느낌이 들어요.[8]

마루야마 ｜ 다른 부분에는 원서에 among Christian nations라고 쓰여 있으니까, 가토 씨가 말한 후자일 개연성이 높다고 봅니다. 이건 훨씬 나중 일이지만, 국권론이 생겨나는 중요한 배경이지요. 국제법은 서양 나라들에만 타당하다고 하는……。

가토 ｜ 휘턴의 책에는 세계 각국을 문명화된(civilized) 나라와 문명화되지 않은(uncivilized) 나라로 분류하는 단락이 있습니다. 과격한 표현이죠. 문명화된 나라는 서로 주권(sovereignty)을 존중한다, 그러나 문명화되지 않은 나라에는 그런 것이 없으므로 인정할 필요가 없다. 그래서 제멋대로 정벌하거나 하죠. '중간'(中間)이라는 것도 있습니다. 일본 같은 경우가 여기 들어갑니다. '중간' 나라에는 별다른 주장이 없으니까 이쪽 주장을 이해시켜서 약속을 맺어 지키게 한다고 하는, 결코 대등하지 않은 관계지요. 문명화되지 않은 나라야 야만인이니까 약속할 필요도 없다는 겁니다.

법의식의 문제

마루야마 | 문명과 미개 같은 단계적 구분은 휘턴뿐만 아니라 진보사관에서 일반적으로 쓰는 것입니다. 후쿠자와가 웨일런드(Francis Wayland, 1796~1865)의 『정치경제학의 요소들』(*The Elements of Political Economy*) 같은 데서 배워서 쓴 것도 미개(야만), 반개(半開), 문명이라는 세 단계이고, 거기서 일본은 반개로 자리매김되었죠. 서구 진보사상에서는 세계사의 발전단계라는 생각이 18세기 말부터 일반적인 관념이었습니다. 거기에 앞서 말한 국제법의 배경이 있지요. 그로티우스(Hugo Grotius, 1583~1645)[9] 이래 유럽의 그리스도교국 사이에서 원래 로마법, 게르만법, 그리스-로마의 고전, 신성로마제국의 장기 지배 같은 공통의 전통을 지닌 국민국가 사이에 발달한 국제법을, 문화도 전통도 다른 지역까지 전지구적으로 확대해버렸던 것이 현대에 와서는 문제인 것이죠.

예를 들자면, 팔레스타인 문제가 그렇습니다. 일본 등은 서구 지향적이라서 순순히 따랐습니다만, 국제연맹이든 뭐든 그런 구상은 전부 유럽에서 생겨난, 세계적으로 보자면 한 지역에 불과한 유럽에서 성립된 국제법을 전지구적으로 확대한 것이 여전히 현대 세계질서의 문제입니다. 유럽이라고 하더라도 거의 오늘날의 EC 국가들이죠. 그것을 이슬람이나 불교국가들처럼 가치체계도 전혀 다른 상대방에게 똑같은 규칙을 적용하려는 데 문제가 있어요.

가토 | 일본 국내에서도 실은 법률과 법의식 사이에 간격이 있지요.

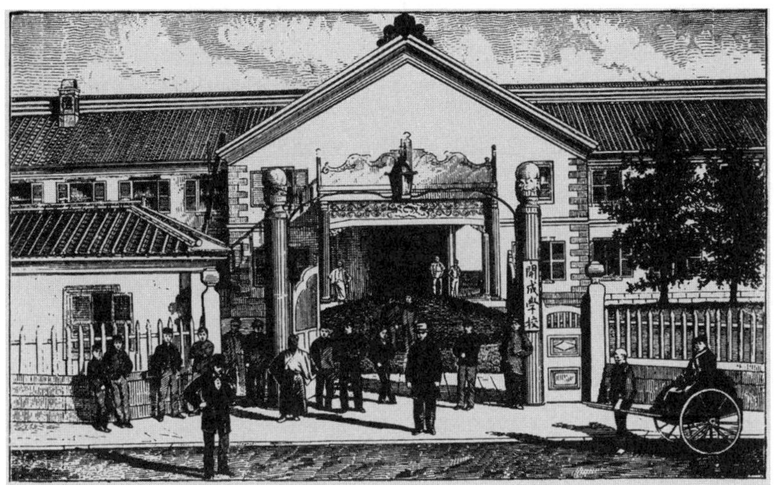

개성학교
도쿠가와 막부의 개성소(開成所)를 계승한 메이지 초기의 종합적 양학 교육기관. 나중에 도쿄대학으로 흡수되었다.(E.W.Clark, *Life and Adventure in Japan*, New York, 1878에 실린 삽화.)

마루야마 | 일본의 경우에는 장점을 취하고 단점을 메우는 '서구화'로 감춰 왔다고 생각합니다만.

가토 | 그렇지만 지금까지도 재판은 싫어하지요. 미국인에 비하면 말입니다. 분쟁을 해결하는 일반적 수단이 재판이라는 생각은 없는 거죠. 일본에서 재판이라는 것은 대립이 격렬한 분쟁일 때의, 말하자면 최후의 수단이니까요.

마루야마 | 일본의 정서는 여전히 어르신(お上)의 재판입니다. 아직도 이상적인 재판이 오오카(大岡) 재판[10]의 이미지예요. 윗사람이 동시에 중재자인 셈이죠. 따라서 영미법에 비하면 어르신 재판적인 요소가 있는 대륙법이 더 체질에 맞는 거죠. 영미법은 철저하게 게임의 공정한 심판이라는 사고방식이고요.

가토 | 하지만 대륙법 쪽에 가깝다고는 해도, 일본에서는 지체 높은 가문과 분쟁할 경우에 재판에 호소하지 않고 선물이라도 들고 인사하러 가면 그만이었죠. 오히려 그 편이 이상적이고, 그래도 해결할 수 없을 때에 재판을 하게 되니까, 재판이라는 수단은 이미 시비조랄까 일을 복잡하게 만드는 게 아닐까요? 독일인의 사상은 그렇지 않습니다만.

마루야마 | 그러니까 일본에서는 분쟁이 대개 재판까지 가질 않죠. 조정입니다. 이혼 같은 경우에도 가정재판소처럼 강제력이 없는 곳에서 대부분 해결하지요.

가토 | 법률에 익숙하지 않은 국민인 거죠.

마루야마 | 법률과 윤리의 혼동도 심합니다. 유교사상이죠. 다키가와 유키토키(瀧川幸辰, 1891~1962) 씨의 『형법독본』(1932)이 판매금지 처분을 받았는데, 그 이유는 톨스토이의 무정부주의 사상이라고 하는 것, 또 아내의 간통죄를 폐지하자고 주장한 것 두 가지가 걸려서였습니다. 간통죄를 폐지하자니 무슨 말인가, 간통을 장려하자는 건가라는 반발이었죠. 당시 나는 대학에서 스에히로 이즈타로(末弘嚴太郎, 1888~1951) 선생에게 민법을 배우고 있었어요. 그때 법률과 도덕을 혼동하는 사례로서 다키가와 문제를 거론했었죠. 호즈미 시게토(穗積重遠, 1883~1951) 씨는 남녀평등이니까 남편의 간통도 처벌하자고 했고, 다키가와 씨는 현행 형법의 사고방식처럼 죄 자체를 폐지하자고 한 것이다, 결론은 반대지만 아내만 일방적으로 처벌하는 것은 이상하다는 두 사람의 전제는 같다고 스에히로 선생은 말했습니

다. 다키가와 씨의 주장은 간통한 아내를 투옥한다고 해서 부부관계
가 원상회복되는 것은 아니므로, 그 해석은 사회에 맡기고 법률은 간
섭하지 않는 편이 낫다고 하는 생각이었죠. 그런데 법률과 도덕을 혼
동해서 그 야단법석을 떨었습니다.

'국체'(國體)라는 말

마루야마 | 『역의』로 되돌아가죠. 이것 역시 전통적이구나 하는 생각
이 드는 부분은 "한 나라의 군주가 다른 나라로 사절을 파견할 때 그
사절이 다른 나라의 관할을 받는다면, 그것은 자신의 國體를 손상시
키는 것이니, 그 사절도 두 명의 군주를 섬기게 되어"라고 한 대목입
니다. 이상하죠. '두 주군을 섬기지 않는다'(不事二君)는 도덕인 겁니
다. 센고쿠(戰國) 시대에는 고토 마타베(後藤又兵衛, ?~1615)[11]처
럼 아무렇지도 않게 여러 명의 주군을 섬겼지만, 막번체제가 생기면
유교의 충절 도덕을 그렇게 이해했던 겁니다. 그것이 "외교관이 다른
나라의 관할을 받게 되면, 두 명의 군주를 섬기게 되는 모순이 생긴
다"는 설명 방식에 반영되어 있지요. 이상한 것은 자기 나라의 군주에
게 충성을 바치고 있는 사람이 그 나라에 대사든 사절이든 minister
로서 파견되었다면, 동시에 그 나라의 군주에게 일시적으로라도 충성
을 바치게 된다, 바로 두 주군을 섬기게 되어 버린다고 하는 대목이
재미있어요. 원문은 "외국의 군주에게 그 지방에서의 충성을 바치는

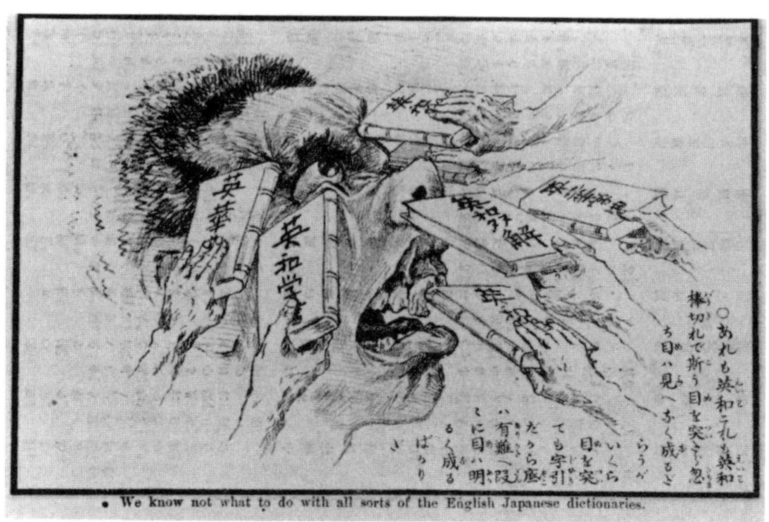

「저것도 영일사전, 이것도 영일사전」『團團珍聞』(1886년 4월 17일호)
풍자화가 고바야시 기요치카(小林淸親, 1847～1915)가 1883년경부터 산세이도(三省堂) 등에서 활판인쇄된 영일사전이 대중적으로 보급되던 세태를 그렸다.

결과가 된다"면 곤란하다는 것입니다.[12]

또 다른 부분에서도 그렇습니다. essential to the dignity of his sovereign, 곧 "주권자의 존엄·품위에 필요한"이라는 부분이 "국체를 더럽히지 않는"이라고 번역되어 있습니다. "자신의 국체를 손상시키는 것이니"도 원문은 every sovereign would hazard his own dignity죠.

가토 │ 그 경우에 '주권자'와 '국체'는 거의 동의어가 되어 있는 거로군요.

마루야마 │ 주권자의 존엄이라거나 주권자에 대한 신하의 충성을 '국체'로 번역한 거죠. 한역(漢譯)에서는 뭐더라…… 아무튼 '국체'는 아

136

닙니다.

가토 ┃ 중국어 번역은 the essential form of the state를 '國體'라고 했죠. 설령 그 나라에 혁명이 일어나 국법이 바뀌더라도 그 나라의 '자주'성이 유지되는 한, 그 나라의 '체'(體)가 변한 것은 아니므로 부채는 지불해야만 한다는 식이 됩니다. '국체'는 나라의 본체(本體), 본질이라는 의미죠.

마루야마 ┃ 일본에서도 국체론의 의미로 '국체'라는 말을 쓴 것은 막부 말기의 미토학(水戶學)[13]부터지요. 그때까지는 용어는 있었지만 '나라의 체재(體裁)'라는 식의 일반적인 의미로 쓰였습니다.

가토 ┃ 중국에서 말하는 '국체'는 막부 말기 이전의 그런 외면적인 구조 같은 걸까요?

마루야마 ┃ 일본에서도 헌법학이 등장하면, 다시 막부 말기 이전처럼 국가구조의 기본을 가리켜서 '국체'라고 하게 되지요. 메이지 말기의 천황기관설(天皇機關說) 문제가 바로 그겁니다. 미노베 다쓰키치(美濃部達吉, 1873~1948)[14] 씨는 '국체'는 법률 개념이 아니라고 해서 '정체'(政體)로 통일해 버립니다. '군주정체', '공화정체'라는 식으로 말입니다. 한편 우에스기 신키치(上杉愼吉, 1878~1929)[15] 씨나 호즈미 야쓰카(穗積八束, 1860~1912)[16] 씨는 공화제·군주제라는 것은 '국체'의 구별이고, 민주제·과두제·귀족제라는 것은 '정체'의 구별이라고 했습니다. 이것은 독일 국법학(國法學 Staatsrechtslehre)을 본뜬 거죠. 슈타트포름(Staatsform)이라는 것을 '국체'로 번역하고 레기룽스포름(Regierungsform, 통치형태)을 '정체'로 번역했습니다. 미노베 씨는 한걸음 더 나아가 메이지 말기에 이미 국체 개념을 법률에서 추방하고 '정체'의 구별로서 일원화해 버립니다. 바로 거기서 천황기관설이 생겨나지요. 호즈미 씨나 우에스기 씨에게는 미토학적인 측면이 있어요. 순법률적인 의미와 윤리적인 의미, 양면이 국체 개념으로 합류됩니다. 윤리적인 면은 분명히 후기 미토학, 아이자와 세이시 사이(會澤正志齋, 1781~1863)나 후지타 도코(藤田東湖, 1806~1855) 등의 국체론입니다.

그리고 이건 미국과의 관계입니다만, 『역의』는 "하물며 영국이 자기 권리를 주장하면서 사사건건 인의(仁義)를 배신하고 흉포(凶暴)를 일삼으니"라고 했습니다. 이 '인의를 배신하고'라는 부분에서 justice and humanity에 대해 '인의'라는 유교 용어를 사용하죠. 당연한 일이겠습니다만.

가토 | 딱 들어맞는군요. justice and humanity의 어순만 바꾼다면 말입니다.

마루야마 | 또 obligations between the crown of England and its subject, 곧 '영국의 군주와 그 신민(臣民) 사이의 의무 관계,' 그것이 '군신(君臣)의 의(義)'에 해당한다고 했으니, 이러한 번역 방식은 워낙 몸에 밴 셈이죠. '군신의 의'라고 하면 누구나 알고 있으니까 말입니다.[17]

가토 | 그만큼 법률용어 속에 윤리적인 뉘앙스가 들어가 있는 셈이군요.

마루야마 | '오륜오상'(五倫五常)이란 말을 자주 씁니다.

가토 | crown이라고 하면 좀 문학적인 표현 아닌가요?

마루야마 | crown이라는 말은 법률론에서도 곧잘 사용합니다. 특히 영국에는 '주권은 king in parliament에 있다'는 관용구가 있는데, 빅토리아 여왕 때에는 쓰기가 곤란해져서 굳이 queen으로 바꿔야 했지요. 하지만 'crown'이라고 하면 여왕에게도 쓸 수 있습니다. 편리한 거죠.

번역하지 않은 것

마루야마 | 나중에, 역시 국제사법에서 '해적'(海賊, pirates) 부분은 전혀 번역하지 않습니다. 국제사법에서는 아주 중요한 문제인데도 말입니다.

가토 | 중국어 번역에도 robbers or pirates를 '盜賊'이라고 했습니다. 구별하지 않아요.

마루야마 | 휘턴은 "해적은 문명국가(civilized nation)의 공통의 적(敵)이다"라고 해서[18] 해적을 어떻게 취급할 건지 자세하게 논하고 있는데 말이죠…….

가토 | 제1권 2장에서는 국가의 정의에 여러 가지가 있다는 것을 서술하고 있습니다. 그 가운데 자발적 조직들(voluntary associations)을 논하면서 robbers or pirates에 대해 언급하는데, 영문에는 "도적 또는 해적이 자발적으로 모인 조직은 국가라는 이름으로 부를 수 없

다"고 되어 있습니다.[19]

마루야마 | 도적과 해적, 두 가지가 합쳐져 버린 거죠.

가토 | 역시 pirates가 말하려는 바를 몰랐던 걸까요? 왜 굳이 도적과 구별해서 '해적'이라고 하는지를 말입니다. 둘 중에 아무거나 좋다고 생각했던 게 아닐까요? 오히려 시게노가(어디까지 의식했는지는 별개의 문제지만) '해·륙 도적(海陸盜賊)은'이라고 번역하고 있지요.

마루야마 | 쓰쓰미(堤)의 『역의』는 마지막 부분에 "이하 흑인 노예무역이나 虧空 등에 대한 재단(裁斷)은 다음 편(篇)에서 자세히 설명한다"고 했습니다. '虧空'의 왼편에 'ブンサン'이라 적혀 있죠. 여기서도 '파산' bankruptcy의 의미인데, 제2권은 번역이 여기서 중단됩니다. 영문에는 같은 장에 내용이 더 들어가 있는데도 다 번역하지 않고 그만둔 겁니다.(part II, chapter II의 sec. 49~75가 생략되었다─옮긴이) 하지만 '흑인의 매매'는 일본인의 의식상 (자신과) 거의 관계가 없었겠죠. 그러니 번역을 그만둔 것도 이해하지 못할 바는 아닙니다.

가토 | 중요한 것만 집어넣었다는 거죠. 좋게 말해서.

마루야마 | 그렇죠. 그러니까 번역할 부분의 취사선택도 아주 흥미롭다고 생각합니다. 그 다음 장이 Natural equality of sovereign states, 한역으로 「論諸國平行之權」인데,[20] 이것은 국가동등설, 동권설이니까 흥미로운 부분인데도 번역되어 있지 않아요.

『만국공법』의 영어·중국어·일본어판 비교

이 부분은 원서에 없지만 『만국공법』이 실제로 중국어·일본어로
어떻게 번역되었는지 대조해 보기 위해 『번역의 사상』에 수록된
Part I, Chapter II 가운데 sec.3~4 부분을 실었다.
이 부분과 관련해서는 본문 124~31쪽에서
가토 슈이치가 'sovereign' 등을 언급하고 있다.

여기서 영어판은 휘턴 원저의 제6판(1855년 간행),
중국어판은 마틴 번역본의 일본 개성소판 번각본(1867)에서
구두훈점 등을 뺀 것, 일본어판은 시게노의
『화역 만국공법』(1870년 가고시마 번 간행)을 이용했다.

ELEMENTS OF INTERNATIONAL LAW.

by HENRY WHEATON

PART FIRST.

DEFINITION, SOURCES, AND SUBJECTS OF INTERNATIONAL LAW.

CHAPTER II.

NATIONS AND SOVEREIGN STATES.

§3. Sovereign princes the subjects of international law.

Sovereign princes may become the subjects of international law, in respect to their personal rights, or rights of property, growing out of their personal relations with States foreign to those over whom they rule, or with the sovereigns or citizens of those foreign States. These relations give rise to that branch of the science which treats of the rights of sovereigns in this respect.

§4. Individuals, or corporations. the subjects of international law.

Private individuals, or public and private corporations may in like manner, incidentally, become the subjects of this law in regard to rights growing out of their international relations with foreign sovereigns and states, or their subjects and citizens. These relations give rise to that branch of the science which treats of what has been termed private international law, and especially of the conflict between the municipal laws of different States.

≪The terms sovereign and state used synonymously, or the former used metaphorically for the latter.≫

But the peculiar objects of international law, are those direct relations which exist between nations and states. Wherever, indeed, the absolute or unlimited monarchical form of government prevails in any State, the person of the prince is necessarily identified with the State itself: *l'Etat c'est moi*. Hence the public jurists frequently use the terms sovereign and state as synonymous. So also the term sovereign is sometimes used in metaphorical sense merely to denote a state, whatever may be the form of its government, whether monarchical, or republican, or mixed.

142

萬國公法

惠頓　撰・丁韙良　等譯

第一卷、釋公法之義、明其本源、題其大旨、

第二章、論邦國自治自主之權、

《第三節　君身之私權》

君之私權、有時歸公法審斷、即如國君私自置買、繼續基業等權、或與他國之君民有關涉者、則公法中有一派、專論此等權利也、

《第四節　民人之私權》

民人與民間之會、無論公私、有時亦同歸公法審斷、蓋有權利、與他國君民有關涉也、公法即有一派、專論人民之私權、幷各國之律法、有所不合者、然公法之主腦、即諸國之互交直通也、

《君國通用》

若君權無限、則君身與國體無別、法國路易十四所謂國者、我也、此公法之所以君國通用也、然此二字之通用、不拘於法度、蓋無論其國係君主之、係民主之、無論其君權之有限無限者、皆借君以代國也、

和譯　万國公法　重野安繹　譯述

第一卷。公法ノ義ヲ釋シ、基本源ヲ明ラメ、其大旨ヲ題記ス。

第二章。諸國ミヅカラソノ國内ヲ治メ、ミヅカラ主宰スルノ權ヲ論ズ。

《第三節。君身ニ附タル私權ノ事。》

國君平日自有ノ私權、時アリテ万國ノ公法ヲ以テ審斷スルコトアリ。縦令ヘバ、國君ミヅカラ土地田宅等ヲ他國ノ内ニ置買シ、コレヲ子孫ニ傳ヘテ、基業ヲ繼續セシムル等ノ權、若シ他國ノ君民ト事ノ關係アランモノハ、公法ノ中ニ一派ノ處置アリテ、專パラ此等ノ權利ヲ論ゼリ。

《第四節。民人ニ在ルル私權ノ事。》

國内ノ民人、及ビ民間商會ノ類、ソノ事ノ公ト私トヲ論ゼズ、時アリテマタ公法ノ決斷ニ歸スル事アリ。蓋シソノ事ニ付テ、ソレゾレ權利アリテ、他國ノ君民ト關係スルコトアレバナリ。因テ公法中一派ノ取捌キアリテ、專ラ人民私有ノ權、及ビ各國ノ法律不同ノ所アルヲ論ズ。然レドモコレ等ハ公法ノ旁及ニテ、公法ノ主意トスル所ハ、モト諸國相互ニ交通スル上ニアルナリ。

《君身ト國體ト相通用ス〔ル〕事。》

若シ君ノ權ニ限リナクバ、君身ト國體ト別シコトナシ。法國路易十四世ガ、國ハ我也ト謂ヒシ、コレ公法ニテ、君國ヲ通用シ差別ヲ立ザル所以ナリ。サリナガラ、君國ノ二字ノ通用スルハ、本ト法度ニ拘ラズ、蓋シ其國、君上ノ主宰ニ係ルカ、人民ノ主宰ニ係ルカヲ論ゼズ、マタ其君權ノ際限アルト、際限ナキトヲ論ゼズ、スベテノ君ヲ借リテ、ソノ國ニ代ヘ、君トイヘバ、國ノコトニ通ズルコト、コレ公法ノサダマリ也。

4

사회·문화에 끼친 영향

무엇을 번역했을까

가토 | 메이지 초기의 번역서를 보면 우선 군사관계, 병법(兵法)이 두드러집니다. 아주 이른 시기부터지요. 과학기술을 보면 자연과학 중에서 물리나 수학보다도 화학 분야의 번역이 많아요. 증기기관 같은 공업기술을 빼면 말이죠. 의학도 많습니다만, 의학의 경우에는 난학이 기초에 있었기 때문에 내용은 충분히 알고 있는 만큼 좀더 자세하게 알자는 요구야 있었겠지만, 에도 시대 이래 사고방식의 연장선상에서 번역서가 존재합니다. 하지만 화학은 그렇지 않죠. 따라서 왜 그랬을까 하는 문제를 떠올리게 합니다.

마루야마 | 세이미가쿠(舍密學)라는 거죠. 케미스트리(chemistry)의 음을 문자로 딴 겁니다.('화학'은 중국에서 만들어진 조어다—옮긴이.)

가토 | 그 다음이 법률제도의 문제입니다. 서양과의 교류라는 필요성으로부터, 뭐니뭐니 해도 '만국공법'에 관심이 모아집니다. 그리고 제도개혁을 하려면 우선 상대방의 제도를 참고하지 않으면 안되는 만큼 그 배경을 알자는 의미도 있어서, 후쿠자와가 전형적이지만 서양 사정 일반에 관해서 정보를 얻고 싶었던 거죠. 지리적 지식이나 역사 말입니다. 메이지 시기에 어떤 것을 번역했는가 하는 데에 당시의 사회적 요구가 잘 드러나 있다고 생각합니다. 그리고 마지막으로 문학과 예술이 오지요.

　문학과 예술의 경우에는 간단히 말해서 사실(寫實)이라고 생각합니다. 메이지 시대의 독자들도 소설은 현실이 아니라고 알고 있었을

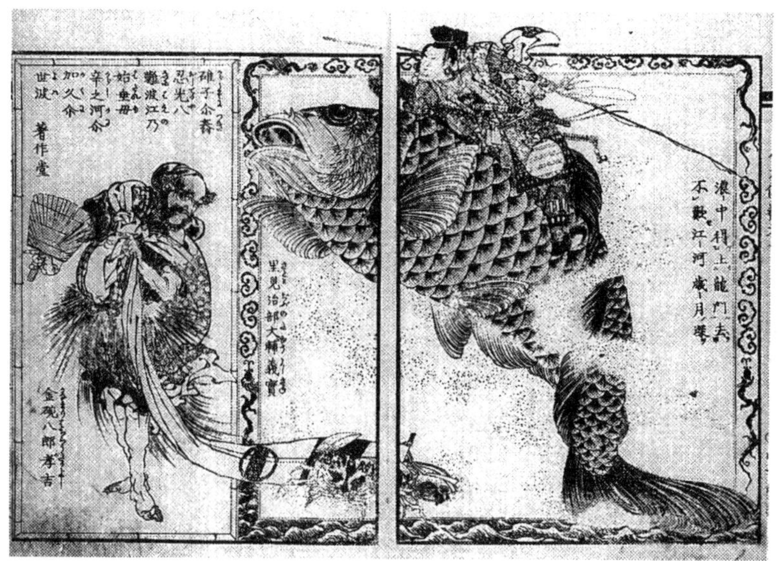

『핫켄덴』 에도 시대 대중소설의 일종인 요미혼(讀本)의 대표작. 센고쿠 시대를 배경으로 8명의 용사들이 천신만고의 무용담 끝에 몰락한 사토미 가문을 다시 일으킨다는 내용의 '일본판 수호전'.

테니까요. 에도 시대의 닌조본(人情本)[1]이나 『핫켄덴』(八犬傳)[2] 같은 걸 보면 말입니다. 초기에는 월터 스콧(Walter Scott, 1771~1832)[3] 같은 경우까지도 교묘하게 현실적으로 묘사했으리라 생각합니다. 그래서 사실적(寫實的)인 것을 많이 번역했죠. 그림 역시 구로다 세이키(黑田淸輝, 1866~1924)[4]가 등장하기까지는 그렇습니다. 서양화는 사실(寫實)이다라는 생각이어서 처음에는 공업학교에서 그림, 유화를 그렸습니다. 미술학교는 처음부터 미술이 아니라 기술 문제라고 생각해서 그림자를 붙이고 원근법을 사용하면서 동판화를 위주로 했지요.

왜 화학에 관심을 가졌을까?

가토 │ 왜 화학에 그토록 관심을 가졌을까요? 하나는 염료, 또 하나는 화약, 그것이 큰 동기였을 거라고 생각합니다. 화학비료도 관심의 동기였을지 모르죠. 당시의 대표적인 경공업인 섬유산업에서 염료는 필수적인 것이었고, 최대 현안인 군사 분야에서 화약은 불가결했습니다. 또 농업국이라서 비료는 나라의 운명과도 직결된 문제였겠죠. 이런 여러 가지 이유에서……

그런데, 당시 일본인의 심성을 구성하고 있었던 것은 주자학적 원소(元素)입니다. 세계는 다섯 가지 요소로 이루어져 있다고 하는……

마루야마 │ 음양오행이죠.

가토 │ 한편 19세기 서양의 세계관에 가장 큰 영향을 끼쳤던 것은 다윈(Charles Darwin, 1809~1882)의 진화론과, 세계는 원자로 구성되어 있다는 달턴(John Dalton, 1766~1844)의 원자설이죠. 라이프니츠적인 형이상학적 입자가 아니라 훨씬 실증적인 화학적 지식으로서의 입자라는 것이 서양에서는 세계관에 매우 큰 충격을 가했습니다. 그것이 일본으로 들어와서 종래의 오원설(五元說)로부터 세계관이 변하는 그런 자극이 있었던 거겠죠.

마루야마 │ 거기까지는 모르겠습니다만, 그렇게 거창한 의미는 아니더라도 후쿠자와는 화학을 예로 든 경우가 아주 많습니다. 예를 들어서 화합(化合)이 그렇죠. 곧 산소와 수소로 물을 만든다거나 하는 식

후쿠자와 유키치
현재 일본에서 통용되고 있는 만엔짜리 지폐에 그려져 있는 인물로, 게이오 의숙을 창립한 일본의 대표적 계몽사상가. 주요 저서로 『문명론의 개략』, 『학문을 권함』, 『서양사정』 등이 있다.

으로 화학실험은 매우 희한한 게 아니었을까요? 아무튼 화합과 실험의 사례가 아주 많습니다.

가토 │ 예를 들자면 어떤…….

마루야마 │ 『문명론의 개략』을 보면 "사람의 지력(智力)과 의론(議論)은 마치 화학법칙에 따르는 사물과도 같다. ……석회와 요사(礆砂, 염화암모늄)는 모두 독극물이 아니지만 둘을 합쳐서 요사정(礆砂精)으로 만들면 그 기운으로 사람을 졸도시킬 수도 있다"고 했지요.

가토 │ 그거 참 재미있군요.

마루야마 │ 서양 학문의 방법은 실험을 하잖아요, 그게 음양오행과는 정반대로 보였을 겁니다. 방법론적으로 후쿠자와가 의식해서 언급하고 있는 것이 뉴턴 역학입니다. 수학적 물리학인 거죠. 화학의 실험은 훨씬 더 일상적인 경이감을 안겨 주었을 거라고 생각합니다. 실험할 수 있는 새로운 지식이라는 점에서 말이죠. 종래 경험적인 지식에만 의존하고 있던 일본인에게 실험(experiment)이라는 것은 엄청나게 신선했을 겁니다. 음양오행처럼 선험적으로 정해져 있는 절대진리에서부터 연역해 나가는 것이 아니라 실험에 의해서 비로소 올바름이 증명되어 간다고 하는 것은 당시 재능 있는 일본인의 눈에는 서양 학문의 탁월성을 상징했던 것일 테죠.

진화론의 수용

가토 | 그런데 후쿠자와는 진화론에 대해 흥미를 갖고 있었습니까?

마루야마 | 진화론은 대략 1877년(메이지 10) 이후의 일입니다. 메이지 10년 이후가 되면 헉슬리(Thomas Huxley, 1825~1895)의 『만물진화요론』(萬物進化要論) 등이 번역되거나[5] 해서…….

가토 | 하지만 원조격인 다윈 자체에 대한 관심은 어떻습니까? 역시 스펜서를 통해서가 아닌가요?

마루야마 | 가토 히로유키가 관여했으니까 오히려 헤켈(Ernst Haeckel, 1834~1919)[6] 등 독일학자의 역할이 컸습니다. 진화론의 영향을 받았는지 여부는 나카에 조민(中江兆民)과 후쿠자와의 결정적인 차이점이라고 생각합니다. 조민에게는 결정적입니다. '진화신'(進化神)이 나오잖아요. 후쿠자와의 경우는 진보(進步)의 사상이죠. 두 사람을 비교하면 진화 사상과 진보 사상의 차이가 잘 드러납니다.

진보 사상은 18세기이고, 진화는 19세기 후반에 비로소 등장합니다. 진보는 좋은 것으로 정해져 있습니다만, 진화는 그렇지 않죠. 조민은 좋은 것도 나쁜 것도, 예컨대 전쟁도 모두 '진화신'의 영향이라고 합니다. 따라서 진화론은 자유민권 사상에도 영향을 미칠 수 있었지만, 가토 히로유키(加藤弘之)처럼 반동적인 입장에서도 이용해서, 처음부터 이중적인 의미를 갖고 일본에 들어오죠.

적자생존(survival of the fittest)과 자연도태(natural selection)의 해석은 제국주의적인 사회진화론(Social Darwinism)의 한 흐름을 만듭니다. 곧잘 이야기되지만, 옌푸(嚴復) 이후 중국의 진화론 수용방식과는 정반대인 셈이죠. 중국에서는 같은 적자생존이라도 약자편에 선 입장이 강조됩니다. 그런데 일본의 경우에는 강자·적자(適者)가 되어야만 한다는 것이라 제국주의의 입장이 되고 말죠.

가토 | 미국의 유대인과 비슷하군요. 미국의 유대인 중에는 지금까지도 순수한 적자생존·자연도태 사상을 강조하는 사람이 있습니다.

마루야마 | 미국을 사회진화론적으로 분석한 호프스태터(Richard Hofstadter, 1916~1970)[7]의 고전적 연구는 그런 의미에서 흥미롭지요. 미국의 자유경쟁이라는, 강한 것의 승리 같은 사상을 잘 설명합니다. 호프스태터의 설을 적용한다면, 사회진화론은 미국에서 가장 빨리 확산되었고 그 흐름은 미국의 개인주의(individualism)로까지 이어지게 되죠. 일본의 사회진화론은 가토 히로유키가 가장 먼저 수용했습니다. 자유민권론의 자연법설, 인간의 평등성, 천부인권론을 강자의 권리라는 경쟁원리로 부정하는 것이죠.

세계관에 어떤 영향을 미쳤을까?

가토 | 진화론에 대해 여쭈었던 것은 자연과학의 발견, 또는 과학혁명이라 해야 할 새로운 학설이 세계관 전체에 엄청난 영향을 끼쳤기 때문입니다. 그 중심이 되는 과학은 물론 시대에 따라 다르죠. 17세기부터 18세기까지는 뉴턴 물리학입니다. 19세기는 잠재적인 의미에서 진화론과 화학이고요. 20세기가 되면 적어도 유럽에서는 물리학이 복권되어 상대성 이론과 양자역학이 세계관 전체를 뒤흔듭니다. 20세기 후반에는 분자생물학이 그렇죠. 따라서 메이지 초기에 일본인의 관심이 한편으로는 19세기 자연과학의 총아인 화학에 쏠렸다면 진화론 쪽은 어땠을까 하고 생각했던 겁니다.

마루야마 | 나는 오히려 일본의 경우 세계관이 없었다고 생각합니다. 중국과 대비해 보면 알 수 있어요. 중국의 경우 옌푸(嚴復) 이후 진화론의 영향은 결정적이고 혁명적입니다. 옌푸는 헉슬리의 『진화와 윤리』(*Evolution and Ethics*)를 『천연론』(天演論)으로 번역했지요.[8] 하늘이 움직인다는 것은 놀라운 사실이었습니다. 중국의 천(天) 신앙이라면 자고로 엄청난 것이었으니까요. 하늘은 하느님처럼 영원불변이고 절대적 실재였던 거죠. 그것이 움직이는 이상, 이제 만물은 모두 상대적입니다. 옌푸 자신은 역(易)으로 설명하고 있습니다만, 주자학 이후로는 '태극'(太極)이나 '리'(理) 등의 궁극적 실재—'리'는 아리스토텔레스가 말한 순수형상과 비슷한 거죠—, 곧 움직이는 것의 배후에 있으면서 절대로 움직이지 않는 것을 만물의 기초로 둡니다. 따라

서 '모든 것이 움직인다'는 옌푸의 소개는 중국 지식인에게 몇천 년 동안의 중국 고전철학을 뒤흔드는 일대 사건이었던 겁니다. 일본에서는 일본 유학 자체가 '리'의 계기가 약한 '기'(氣)의 철학이라서 만물유전(萬物流轉)과 같은 사고방식이 전부터 있었기 때문에 영원한 실재에 그리 집착하지 않았습니다.

가토 │ 맞아요. 말로만 그랬죠.

마루야마 │ 일본에서 자연과학은 어떤 이데올로기를 보강하는 역할을 했습니다. 실제로 진화론은 사회유기체설과 결합해서 국체론의 기초를 만들게 됩니다. 메이지 시기의 사회주의자들 역시 진화론을 수용합니다만 전통적인 사고방식을 혁명(革命)하는 충격은 없었던 게 아닐까 싶어요.

내가 전에 「후쿠자와에 있어서 '실학'(實學)의 전회(轉回)」(1947)라는 논문[9]에서 지적한 적이 있습니다만, 후쿠자와는 수학적인 물리학, 곧 뉴턴의 역학체계를 서양 학문의 기초에 두었습니다. 동양에는 절대로 없고 서양에만 있는 것이라 본 것이지요. 그는 그것을 '수리학'(數理學)이라고 불렀죠. 이른바 '실학'이라는 것은 에도 시대에도 많이 있었다, 하지만 그것은 추상적인 수학적 물리학에 기반을 둔 '실학'이 아니라 일상생활에 도움을 준다는 의미에서의 '실학'을 벗어나지 못했다, 반면에 유럽문명은 훨씬 추상적인 '리'를 기반으로 구축되어 있다라는 겁니다. 그러한 실학 개념을 후쿠자와는 끝까지 전개하고 있습니다. 그래서 막부 말기의 시점에서 이른바 '물리'와 '도리'의 구별을 중요시했죠. 전통 학문에는 없는 사회나 인간관계의 객관적

탐구라는 사고방식은 수학적 물리학에서 나오지만 전혀 뿌리내리지 못합니다. 역시 도리의 우월, 도덕의 우월을 말하죠. 후쿠자와가 그토록 유교를 혐오했던 이유도 바로 거기에 있습니다.

가토 | 존재의 법칙과 도리를 혼동하고 있다는 거군요.

마루야마 | 그렇죠. 동양철학은 전부 그렇습니다. '도'라는 말이 다 그렇잖아요? '도'에는 두 가지 뜻이 섞여 있죠. '가야 할 길'이라는 '당위'와 객관적 '법칙'이라는 의미, 두 가지가 말입니다. 그래서 후쿠자와는 '실학'을 자주 언급하면서도 추상적 사고의 중요성 또한 늘 주장했던 겁니다.

가토 | 추상적 사고의 역할을 후쿠자와는 어디서 강조하고 있습니까?

마루야마 | 초기부터 마지막의 『후쿠자와 유키치 자서전』(福翁自傳, 1897)에 이르기까지 일관되게, 일상생활과 동떨어진 '공리공론'의 의미도 강조하고 있습니다. 변하지 않죠. 비속한 실용주의와 구별을 하는 겁니다. 아무튼 17세기 이래 자연과학의 방법이 서양문명의 비밀이라는 점을 간파했습니다.

가토 | 대단한 통찰이로군요.

마루야마 | 하지만 일반적으로는, 앞에서도 말했듯이, 오히려 진화론에 대해 말할 경우에 세계관적으로 사상의 혁명을 일으켰던 것은 (일본이 아니라) 중국이라고 생각됩니다. 지식인에 국한해서 보더라도 말이죠.

후쿠자와 유키치의 과학관

마루야마 | 후쿠자와의 과학관을 살펴보면, 메이지 시기 일본인의 전통적인 사유구조에서 생물학보다도 뉴턴적인 수학적 물리학의 충격이 컸던 것 같습니다. 예를 들어서 나쓰메 소세키(夏目漱石, 1867~1916)의 『나는 고양이다』(1905)에 나오는 이학사(理學士) 간게쓰(寒月) 군이 그렇습니다. 그는 만유인력을 발견한 뉴턴에게서 충격을 받지요. 생물학이라는 것은 상대가 유기체잖아요. 주자학의 경우에도 이토 진사이(伊藤仁齋)를 비롯해서 천지(天地)는 거대한 생기(生氣)라는 식으로 '기'를 우위에 두죠. '리'가 아니라 말입니다. 움직이는 물(物)이니까 큰 유기체다라는 관념이 전통적으로 있었던 겁니다. 사농공상(士農工商)이라는 지배 기반도 에도 중기부터는 유기체의 구조와 동일시하고 있죠. 세포처럼 상호의존적인 것으로요. 따라서 생물학적인 모델 쪽은 수용하기 쉽습니다. 그런데 전혀 무기적(無機的)인 자연, 뉴턴 역학의 자연은 일본의 자연관에 없던 거였어요. 주관과 객관을 완전히 대립시켜서 모든 의미성이나 가치성을 박탈하고 보는 시각이 일본사상사에서는 불교에도 유교에도 없었지요. 신도(神道)에는 더더욱 없고요.

가토 | 동양에서는 자연학이 테크놀로지와 결합되지 못했죠. 예컨대 중국에서는 기술은 매우 발달해 있었지만 주자학적인 세계관과는 독립적이었습니다. 후쿠자와가 서양문명은 뉴턴의 수학적 물리학이라고 했을 때, 과연 뉴턴과 기술의 연관성을 간파하고 있었을까요?

마루야마 ｜ 후쿠자와의 말로는 양면작전이죠. '실학'이라는 말은 주자학에서도 심학(心學)에서도 씁니다. 일상 실천의 학문이 진정한 학문이지 학자의 공론으로는 안된다는 의미에서 사용하고 있는 겁니다. 후쿠자와의 경우에는 『학문을 권함』의 첫 부분만 유명해져서, 일상적 실천만을 제창하고 그 밖에는 무의미하다고 생각했던 것처럼 오해를 받는 경우가 많습니다만,[10] 그렇지가 않습니다. 초기부터 공리공론의 중요성을 언급하니까요. '허학'(虛學)이라는 말을 쓰지요. 그리고 그 '허학' 위에 고상한 학문을 구축하는 것이라고 말입니다. 고상(高尙)이라는 것은 직접 도움이 되지 않는다는 의미로 볼 수 있겠지요.

가토 ｜ '허학'이라고 할 경우의 용어 사용방식은요?

마루야마 ｜ 반어(反語)로서의 '허학'입니다. 공리공론의 필요성을 부르짖는 대목이 서양문명의 무서운 부분이라고 말하지요.

가토 ｜ 그것과 '실학'의 관계는 어떻게 됩니까?

마루야마 ｜ 종래의 음양오행설에 근거한 '실학'으로는 안된다고 말하죠. 곧 자연(自然)과 인사(人事)를 철저하게 구별하는 겁니다. 후쿠자와는 "조화(造化)를 공략하는 것이 자유(自由)다"라고 말합니다. 조화라는 객관적 자연을 인간이 점점 침식해 들어가는 그 과정이 과학의 진보라는 겁니다. 이렇게 철저한 구별의 논리 위에 서양의 실학이 구축되었다는 말이죠.

가토 ｜ 반면에 동양은 그렇지 않다는 거군요.

마루야마 ｜ 과학에 대해서도 후쿠자와는 철저히 기술과 구별합니다.

기술의 기초에 있는 것이 과학이라고 근대과학을 정확히 파악하죠. 막부 말기에도 진보파는 기술 일변도였습니다. 동양도덕―서양기술이 주류였죠.[11] 그런데 후쿠자와는 實學이라는 한자에다 '사이엔스'(サイエンス)라고 읽는 법을 붙이고, 실학은 기술과는 다르다고 썼지요.

가토 │ 그게 19세기 말의 일이군요. 서양에서도 뉴턴과 같은 추상적인 자연 이해랄까 물리학은 기술과 동떨어져 있었다고 생각됩니다. 철도라거나 야금술(冶金術)이 고도로 추상적인 물리학적 세계관과 결합되지 못하다가, 19세기 후반에 열역학 같은 것이 등장하면서 변모했던 거죠. 후쿠자와가 그런 것을 추측했다고 한다면 그건 대단한 통찰입니다.

마루야마 │ 내가 읽어 본 바로는 통찰과 상상이 뒤섞여 있습니다. 어쨌거나 동양에 없고 서양에는 있는 것이 두 가지인데, 하나는 인민 독립의 정신이고 또 하나는 과학관이라고 말입니다.

가토 │ 19세기에 생물학의 일대 사건은 하나가 물론 다윈이지만 또 하나는 클로드 베르나르(Claude Bernard, 1813~1878)[12]의 『실험의학 서설』(1865)이라고 생각합니다. 메이지 초기 사람들에게는 어땠을까요?

마루야마 │ 실험이라는 것은 앞서 말했듯이 후쿠자와가 거듭 지적하고 있죠. 동양에는 없다, 동양의 경우에는 음양오행이라는 선험적인 범주로 이해하려 하니까…….

가토 │ 실험이라는 말 자체는 옛부터 있었습니다만, 이 경우에는 의미가 조금 달라서…….

마루야마 │ 시험(試驗)이라는 말과 같았죠. 후쿠자와는 "무릇 세상의 사물은 시험하지 않으면 나아가지 않는다," "개벽(開闢)부터 오늘날까지 어쩌면 이를 시험의 세상이라고도 할 수 있다"라고 『문명론의 개략』에서 말하고 있어요. 곧 실험으로 가설을 수정해 가는 것을 가리킵니다. 따라서 "문명이라는 것은 오류의 진보다"라는 말도 거기에서 나오죠. 가토 히로유키와 예리하게 갈라지는 점이 바로 그 점입니다. 가토 히로유키는 '인과당연'(因果當然) 일변도지요. 서양을 인과필연의 이론으로 전부 설명하려고 합니다. 따라서 천부인권 같은 것은 말도 안된다는 식이 되죠. 동양학에 대한 비판이라는 점에서는 같습니다만, 후쿠자와가 특이하게 실험에 주목한 것은 오히려 듀이(John Dewey, 1859~1952)의 도구주의에 가깝습니다.

가토 │ 유럽의 경우에 실험이라는 것은 베이컨(Roger Bacon, 1220?~1292) 정도부터인 것 같습니다. 그런 실험이 기술과 결합되어 생물학의 영역으로 들어오게 됩니다. 19세기 후반 서양과학의 중요한 부분으로서 뉴턴과 함께 실험이 있었던 거죠.

마루야마 │ 후쿠자와는 그 두 가지를 연관시키고 있는 것이 아니라, 그저 동양에 없는 것이라는 데 생각이 미쳤던 게 아닐까 싶어요.

가토 │ 연관시키지 않는 것은 당연하지요. 유럽의 경우에도 콩트 같은 철학자가 논하고 있을 정도니까요. 실험적인 방법과 수학적인 방법이 확실히 결합하게 되는 것은 역시 20세기가 아닐까요? 후쿠자와의 시대라면 이 두 가지를 의식하고 있었다는 것만으로도 충분히 대단하지요.

마루야마 ｜ 후쿠자와는 '시험'이라는 눈으로 사회를 보고 있어서, 민권론자의 급진주의도 그런 시각에서 비판합니다. 곧 공화정체(共和政體)를 절대화한다는 비판이죠. 공화정체인들 해보지 않고서야 알 도리가 없다, 프랑스에서는 전제정치보다 더 잔학한 일이 로베스피에르(Robespierre, 1758~1794)의 지배 아래 자행되지 않았는가 하고 말입니다. 모든 정체를 상대화하는 시각이 거기에서 비롯됩니다. 일종의 상대주의지요. 후쿠자와는 메이지 유신을 혁명이라고 봤으니, 혁명을 부정하는 의미에서의 점진주의는 아닙니다만, 혁명조차도 시험해 보면 그 결과 잘못될 수 있다는 겁니다.

가토 ｜ 잘못이 생기니까 진보가 있다는 것은 시각으로서는 아주 새롭군요.

마루야마 ｜ 역설을 좋아했는지도 모르겠습니다만, 오류의 진보에 대해서는 미토(水戶)에서 연설하고 있죠.

가토 ｜ 그런 사고방식은 특정한 저자에게서보다도 영국식 사고방식에서 영향을 받았던 걸까요? 자유민권파든 국권파든 이것이 옳다고 하면서 애쓰는 게 대륙적이에요, 독일이나 프랑스식으로 말이죠. 나카에 조민이라면 그렇게 말하진 않았을 겁니다. 조민의 사고방식은 오히려 진리를 지향하죠.

지식인에게 영향을 끼친 번역서

가토 | 이야기를 되돌리겠습니다만, 당시의 지식인, 예를 들어서 후쿠자와의 사고방식에 강하게 영향을 끼쳤던 것을 그들이 읽은 번역서 가운데서 살펴본다면 어떨까요?

마루야마 | 사회체제에 대해서는 토크빌(Alexis Tocqueville, 1805~1859)이겠죠. 후쿠자와도 조숙했다고 생각합니다만, 토크빌 또한 별종이에요. 자신이 귀족이라서 로베스피에르의 지배에는 맹반대했죠. 하지만 영국의 지방자치제를 평가했고 미국으로 가서는 미국의 좋은 점과 나쁜 점을 다 간파합니다. 타운제도(township) 같은 것은 미화하고 있지만,[13] 한편으로 다수의 전제가 있다거나 획일성이라거나 미국 민주주의의 문제점을 잘 지적하고 있죠. 후쿠자와는 그런 토크빌을 정독했던 것 같습니다.

가토 | 토크빌은 거의 프랑스적이지 않은 것 같아요. 무엇보다 그는 정치가로서 현장의 사람이죠. 따라서 학자만큼 정치문제를 추상적으로 논의하기는 힘들었을 겁니다. 다만 투표방식이라거나 의회 운영방식 같은 것에 대해서는 상세히 관찰해서 기술하고 있죠. 그렇게 객관적으로 사물을 보는 냉철함, 그것은 실로 놀라울 정도입니다. 그 점에서는 17세기 이래 프랑스의 전통과도 공통되는 부분이 있는지 모르겠군요. 몽테뉴(Michel Eyquem de Montaigne, 1533~1592), 라로슈푸코(François de La Rochefoucauld, 1613~1680), 생시몽(Saint-Simon, 1760~1825) 등 모두 다 권력투쟁의 와중에서 미묘

하게 각성된 관찰력을 가졌지요. 인간의 행동을 개인으로서도 집단으로서도 거의 자연과학적이라고 할 만큼 임상적으로 관찰하는 경향이 토크빌까지 이어졌다고도 말할 수 있겠습니다.

마루야마 │ 토크빌의 데모크라시라는 개념은 정치개념이라기보다는 사회개념입니다. 그리고 동시에 문명비평이죠. 토크빌보다는 못하지만 기조의 『유럽 문명사』도 대단한 겁니다. 이 책도 후쿠자와의 애독서였습니다만.

가토 │ 그 밖에는 어떤…….

마루야마 │ 배젓과 J. S. 밀이죠. 배젓의 책 가운데서는 『영국 헌정론』(英國憲政論)이 많이 읽혔습니다. 배젓이라는 인물도 공교롭게 학자가 아니라 저널리스트입니다만, 그 감각이 모리 오가이(森鷗外, 1862~1922)[14]와 비슷한 구석이 있습니다. 그의 책은 '변장한 공화제'(disguised republic)라고 불렀죠. 군주제를 옹호하고 있는 것 같지만 실은 은폐된 공화제라는 뜻입니다. 권력을 dignified part와 efficient part, 곧 존엄적 부분과 실행적 부분으로 나눠서 존엄적 부분은 실제 정치에 관여하지 못하게 하고, 실행적 부분이 의회입니다만 관념상의 의회인 거죠.

후쿠자와의 『제실론』(帝室論, 1882)이 바로 그렇습니다. 다만 시대적 제약이라고 생각하는데, 그는 영예권은 천황에게 있으므로 수여하지 않으면 안된다고 말했어요. 이것 때문에 후쿠자와가 일본 천황제를 긍정하고 있다고 하는 논거로서 곧잘 인용되곤 합니다. 아무튼 후쿠자와는 군주와 실행기관으로서의 국회를 나눔으로써 천황제도

의회정치도 그 기초를 부여받는다는 데에 전율을 느꼈을 겁니다. 『제실론』*은 분명히 후쿠치 오치(福地櫻痴, 1841~1906)[15]가 자유민권운동과 대항하기 위해 만든 입헌제정당(立憲帝政黨)을 비판합니다. 곧 후쿠치의 천황제정론(天皇帝政論)에 대항해서 썼던 건데, 그 저본이 배젓이었던 거죠.

원서의 질 문제

마루야마 | 내친 김에 말하자면, 역사서에 대한 부분에서 언급했던 몽테스키외도 좋은 사례겠습니다만, 제일급 서적과 통속적 서적이 동시에, 어떤 경우에는 같은 사람에 의해서 번역되고, 그것이 거의 동등한 영향을 끼쳤습니다. 후쿠자와 자신의 경우에도 밀이나 배젓이나 지금까지도 고전으로 간주되는 토크빌의 책으로부터 아주 많은 영향

* 1881년(메이지 15) 후쿠자와 유키치는 『시사신보』(時事新報)에 「제실론」(帝室論)이라는 제목의 논설을 연재하고 곧바로 간행했다. 여기서 그는 국가·사회를 유지하는 데 '민심의 수람(收攬)'이 필요함을 강조하고, 제실은 '현실정치 바깥'(政治社外, 社에는 결사라는 뜻도 있으므로 '政治社'를 정당으로도 해석할 수 있으나 여기서는 좀더 포괄적인 의미로서 '국가통치의 실제 행사권 밖'이라는 뜻으로 했다—옮긴이)에 있어야 한다고 했다. 당시 천황대권을 헌법의 핵심에 놓는 구상을 갖고 있던 이노우에 고와시(井上毅)는 이를 경계하여 〔당시 헌법 조사차 유럽에 가 있던 이토 히로부미에게 보낸〕 편지에서 다음과 같이 쓰고 있다. "(후쿠자와의 「제실론」이) 의도하는 바는 오로지 영국의 국왕은 군림하되 통치하지 않는다는 주장에 있습니다. 곧 의원내각의 조직으로 귀결되는 데 있습니다. 귀가 얇은 자들은 모두 그 교묘한 주장에 심취하여 그 진상을 간파하지 못합니다. 실로 통탄해 마지 않을 일이라 생각합니다."

을 받습니다만, 한편으로는 웨일런드의 『정치경제학의 요소들』 같은 것도 함께 소개하고 있어요.

가토 | 웨일런드 같은 사람은 지금은 아무도 모르죠.

마루야마 | 후쿠자와마저도 웨일런드와 토크빌을 함께 보았으니, 하물며 일반인들이야 말할 필요가 없을 겁니다. 따라서 경제학의 경우에도 J. S. 밀과 웨일런드가 동시에 번역되고 동시에 영향을 끼쳤다는 점을 고려하지 않으면 안됩니다.

『만법정리』
몽테스키외의 『법의 정신』(*De l'esprit des lois*)을 1875년 최초로 완역한 번역서.

법률의 경우에도 마찬가지여서, 한편으로는 놀랍게도 가 노리유키(何禮之, 1840~1923)[16]가 몽테스키외의 『법의 정신』(*De l'esprit des lois*)을 『만법정리』(萬法精理, 1875)로 완역하고 있습니다. 『만법정리』라는 제목은 훌륭한 번역이죠. 지금은 보통 『법의 정신』으로 번역하는데, 그래서는 des lois라는 복수의 의미를 끄집어낼 수가 없어요. 그런 제일급의 법률책이 번역된 것과 동시에 헌법·형법·민법·상법 등의 통속적 해설서들도 많이 번역되었죠.

후진국의 조숙성

마루야마 | 번역의 문제에서 흥미로운 점은 공산주의나 사회주의에 대한 소개가 빠르다는 겁니다. 메이지 10년대에 벌써 번역되고 있으니까 말이지요. 후진국의 조숙성이랄까요? 예컨대 『러시아 허무당사정』(魯國虛無黨事情, 1882)이라거나 울시(Theodore D. Woolsey, 1801~1889)의 『고금 사회당 연혁설』(古今社會黨沿革說)(1882)에는 '콤뮤니즈무 안드 소샤리즈무'(コン ミュニズム·アンド·ソシアリズム)라고 가나가 붙어 있지요.

'고금'이라 할 때 그 '고'가 어느 정도 오래된 것을 말하는지는 알 수 없지만, 코뮤니즘과 소셜리즘이니까 그리 오래된 건 아닌 셈이죠. 폴 베르네(Paul Vernier)의 『허무당 퇴치 기담』(虛無黨退治奇談, 1882) 같은 책도 있어요.[17]

그 밖에도 가토 히로유키가 아주 빨리 소개하고 있고, 후쿠자와도 『민정일신』(民情一新, 1879)에서 사회운동·사회주의라는 가공할 존재가 유럽에 발생했다고 쓰고 있습니다. 『민정일신』에 따르면, 요컨대 기술의 진보에 의해서 커뮤니케이션이 발달하면 사상이 엄청나게 빨리 전파된다, 그렇게 되면 민중에게 어떤 관념이 전파되었을 때, 정부로서도 어찌할 도리가 없는 힘을 얻는 경우가 있는데, 그것은 '정(情)에서 이성으로'라는 일방통행이 아니라 '정해'(情海)의 파도[18]에 사회가 휩쓸린 것이며 그것이 근대문명의 한 현상이다, 따라서 "지금 서양 나라들은 증기와 전신의 발명을 맞이하여 낭패"하고 있다는 거지요.* 정부가 통제할 수 없는 역동적인 운동이 발생했다고, 사회주의와 노동운동에 대해서 후쿠자와는 메이지 10년대 초에 이미 그렇게 말하고 있었던 겁니다.

일본의 산업혁명은 훨씬 나중 일입니다만, 러시아의 허무당이라거나 유럽의 사회주의를 보고 정부가 이에 반응해서, 문제가 국내에 일어나고 있지 않았던 시기, 아주 빠른 시기에 사회주의에 대한 예방책을 강구한다는, 바로

『진정대의』 1870년에 출간된 이 책은 일본에서 가장 먼저 공산주의·사회주의를 거론했다.

이 점이 일본의 근대화를 생각할 때 중대한 문제인 것 같습니다. 앞서 말했듯이 후진국에 어느 정도 공통된 사상적 조숙성이라는 문제가 있다고 생각해요. 실제로 정부의 탄압도 작용해서 자유민권운동이 단기간에 급진적이 된 점도 있어서, 민중운동의 폭동화랄까 테러화를 두려워했던 것도 배경이 되었겠죠.

코뮤니즘과 소셜리즘의 가장 빠른 사례는 가토 히로유키의 『진정대의』(眞政大意, 1870)[19]입니다. 여기에도 '코무니즈메'(コムニズメ)

---

* 후쿠자와는 『민정일신』에서 "서양인은 증기와 전신의 발명을 맞이하여 실로 낭패를 맛볼 것이다. 그 낭패란 대체 무엇인가? 민정의 변화에 있을 뿐이다" "무릇 오늘날 세계 인류는 항상 리(理)와 정(情) 사이를 방황하며 돌아갈 곳을 알지 못하니, 요컨대 작은 일은 이성에 의존하고 큰 일은 감정으로 하려는 식이므로, 인류가 정해(情海)의 파도에 실려 일탈된 행동으로 나갈지라도 어찌하지 못할 것이다"라고 했다.

라고 쓰여 있죠. '메'(ㅅ)라고 되어 있는 것은 어떤 프랑스어 문헌을 읽고 독일어 발음을 했기 때문이라고 생각합니다. 가토는 역시 독일어죠.

가토 | 그렇게밖에 생각할 수 없겠군요.

마루야마 | "코무니즈메, 소샤리즈메 같은 주장이 나와서"라고 말한 것이 메이지 4년, 곧 1871년이니까 정말 빠르죠. 너무나도 조숙한 현상인 겁니다.

가토 | 그래요, 이미 『공산당 선언』(1848)이 나와 있었으니까요.

마루야마 | 그렇죠, 나와 있었어요. 그래서 정부 쪽도 노동자 계급이나 노동운동이 아직 나타나지 않았는데도 조숙하게 예방책을 강구하는 대응이 나오죠.

번역에 적극 참여한 메이지 정부

마루야마 | 하지만 군사제도나 부국강병에 관한 거야 그렇다 치더라도, 역사서까지 포함해서 직접적으로 도움이 별로 되지 않는 책을 태정관(太政官)·원로원(元老院)·좌원(左院) 등의 권력체가 주도적으로 번역했다고 하는 사실 자체가 놀라운 일입니다. 태정관의 번역국이라든지 원로원, 거기다 각 성(省)이 이어지죠. 대장성·문부성·육군성·사법성……. 각 부서가 관장하는 사항과 관련된 번역이 많은 것은 당연한 일입니다만, 유명한 나카에 조민의 『유씨미학』(維氏美學,

1883~1884)은 흥미로운 사례지요. 조민이 미학이라는 데 주목했다는 것부터가 탁월한 것이지만, 베롱(Eugène Véron, 1825~1889)의 『미학』(*l'Esthétique*)은 문부성이 위촉해서 조민에게 번역시킨 겁니다. 과학기술과 관계 없는, 예술론의 근본인 미학에 대해서니까 말입니다. 게다가 메이지 16년, 1883년의 일입니다. 메이지 14년 정변으로 정부 내의 오쿠마 시게노부(大隈重

『유씨미학』 메이지 정부는 실용도서가 아닌 미학책을, 그것도 자유민권운동의 기수 조민에게 위촉해 번역했다.

信)파와 진보파 관료가 일제히 추방된 뒤의 일이죠. 자유민권운동이 최고조에 달해 메이지 정부와 정면 대립하고 있을 때에, 『유씨미학』의 번역을 자유민권의 기수 중 한 사람인 조민에게 번역을 시켰다니 놀라운 일입니다.

또 하나 예를 들자면, 메이지 16년에 나온 책 가운데 홋파시(拂波士)의 『주권론』(主權論)이라는 책이 있지요. 홋파시는 토머스 홉스(Thomas Hobbes, 1588~1679)를 가리키는데, 홉스에게는 『주권론』이라는 제목의 저서는 없으니까, 『리바이어던』(*The Leviathan*, 1651)의 일부를 번역한 것이리라 생각됩니다. 이것은 번역자 불명의 문부성판으로 후쿠오카 다카치카(福岡孝悌, 1835~1919)[20]가 제자(題字)하고 구키 류이치(九鬼隆一, 1852~1931)[21]가 서(序)를 썼어요. 이것은 분명히 자유민권에 대한 대항으로 나온 것이죠. 홉스는 사회계약설인데, 『리바이어던』에서 말하는 국가만능설을 번역했다고 하는 것은 명백하게 정치적 의도가 있습니다. 문부성이 한편으로 그런 책을 번역시키면서, 다른 한편으로는 재야의 나카에 조민에게 위촉해서 『유씨미학』을 번역시키는 그 흉중(胸中)의 깊이, 메이지 정부도 대단했다고 생각합니다. 이에나가 사부로(家永三郎, 1913~) 재판은 아니지만[22] 문부성도 이제는 타락했죠.

자유민권운동에 대한 대항이라는 점에서는 그 밖에도 에드먼드 버크(Edmund Burke, 1729~1797)의 『프랑스 혁명론』(*Reflections on the Revolution in France*) 원로원판 번역이 있습니다. 『정치론략』(政治論略)이라는 제목으로 가네코 겐타로(金子堅太郎)가 번역했죠. 1881년(메이지 14)입니다. 이 책은 프랑스혁명에 대한 에드먼드 버크의 반대론이니까 달려들어서 번역했던 것이죠.[23] 그 선택이 매우 정치적이라는 점에서 홉스 책의 번역과 같습니다. 이 책은 즉각적인 반향을 불러일으킵니다. 우에키 에모리(植木枝盛)가 노발대발해서 「버크를 죽인다」*라는 반박문을 썼지요.

이것도 재미있구나 하고 생각한 것은 장 크라세(Jean Crasset, 1618~1692)[24]의 『일본교회사』(*Histoire de l'Eglise du Japon*)를 번역한 『일본서교사』(日本西教史)입니다. 1715년에 출판된 크리스천(切支丹) 연구의 고전인데, 이 책은 태정관 번역으로 메이지 11년

---

* 「勃爾咢(ボルク)ヲ殺ス」. 1882년 3월 『土陽新聞』, 『高知新聞』에 연재되었다.

(1878)부터 13년까지 4책으로 나오죠.『일본서교사』는 다이쇼(大正) 시대(1912~1926)까지 판을 거듭하는데요, 내용은 크리스천이 일본에 와서 박해받은, 그 역사입니다.

가토 │ 크리스천에 대한 책이 그 당시 일본에는 없었을 테죠? 일본인 저자에 의한 것도 말입니다.

마루야마 │ 물론 없습니다.

가토 │ 태정관에서 나왔다는 것은, 태정관이 정책상 크리스천의 역사를 알기 위해서 필요했던 걸까요?

『일본서교사』 메이지 정부는 크리스천에 대한 대책을 모색할 요량으로 크리스천 연구의 고전을 번역했다.

마루야마 │ 메이지 이후에야 그리스도교가 처음 허용되었으니까요.

가토 │ 대단한 놈들이라는 생각도 있었겠고, 일본인에 대한 영향도 생각했겠죠. 태정관은 그리스도교를 싫어했을 테죠?

마루야마 │ 본심은 그랬을 겁니다.

가토 │ 대사관원이 항의해서 마지못해 허용했던 거니까요. 그래서 다시 크리스천의 반란(1637~1638년에 일어난 시마바라〔島原〕의 난을 말한다―옮긴이)이 일어날까 두려워서 지난 일을 살펴보자는 생각이 들었을지도 모르겠군요. 만일 그때 서양인이 반란을 응원했다면 국토를 빼앗기지나 않았을까 하는 식으로 말입니다.

문명 개화: 민심과 정부

가토 | 그런데 메이지 초기의 민심(民心)에 대해 생각해보면, 개국기에는 호기심에 머물렀던 것이 메이지인(明治人)이 되면 태도가 돌변하죠. 이런저런 사람들이 영어를 익힌다거나 말입니다. 기분은 서양으로 서양으로 초목(草木)까지 휘어질 만큼이라고 이야기되는 서양화 추세는 과연 어느 정도였을까요? 바로 요즘처럼 저마다 국제화·세계화라고 주문처럼 읊어 대는 양상과 닮았을까요?

마루야마 | 식자율이 높았기 때문에 일반적으로도 서양화 추세는 상당히 심했다고 생각합니다. 그래서 후쿠자와의 『세계국진』(世界國盡)[25] 같은 것이 엄청나게 팔린 거죠. 『학문을 권함』만 그랬던 게 아닙니다. 막부 말기의 『서양사정』은 지식인이랄지 무사계급이 주요 독자층이었을지 모르지만 말입니다.

가토 | 그 뒤로는 급속하게 일반 인민으로 확대되었죠. 가나가키 로분(仮名垣魯文, 1829~1894)의 『아구라 나베』(安愚樂鍋, 1871) 같은 것이 꽤나 유행했습니다.[26] 거기에는 무엇이든지 아는 체하는 사람들이 나와서 "이런 시절에는 쇠고기라도 먹지 않으면 유행에 뒤져. 뭐 하고 있어?"라고 하면 "그런 걸 먹어도 괜찮을까?" "괜찮다 어떻다 떠들 일이 아니야. 요즘은 이게 유행이라구!" 하는 식의 대화가 나오지요. 요즘 같으면 최신 록(Rock) 음악을 알고 있나 없나와 비슷하게, 서양이라는 것은 요컨대 최신식이라는 것의 대명사였던 게 아닐까요?

대중소설 『아구라 나베』의 삽화
전골냄비와 탁주병을 앞에 놓고 너스레를 떠는 도쿄의 소시민들을 그리고 있다.

마루야마 ｜ 무지까지 포함해서죠. 첫째로 철도는 신바시(新橋)와 요코하마(横浜) 사이였지만 전신은 전국입니다. 따라서 잘 아시다시피 전봇대가 세워진 때가 징병령 발포와 같은 때라서, 전선으로 인민의 피를 운반한다는 소문이 나돌아 폭동이 일어났죠. 메이지 6~7년의 혈세(血稅)봉기, '혈세'라는 말은 그것과 관련이 있지요.* 그렇다고 한다면 전봇대가 전국적으로 세워졌다는 말입니다. 따라서 니혼바시

* 징병령 시행(1873) 전해에 「징병고유」(徵兵告諭)가 공포되었는데, 거기서 '혈세'라는 말을 쓴 것이 그 당시의 새로운 정책에 대한 반발과 맞물려서 봉기를 전국적으로 확산시켰다. 당시의 신문 보도에는 '혈세'를 둘러싼 '부설망담'(浮說妄談) '유언비어'(流言蜚語)가 많이 실려 있는데, 그 중에는 "처녀의 피로 전선을 바른다" 운운 하는 기사도 보인다.(『도쿄일일신문』 1874년 2월)

(日本橋)가 중심에 있지만 생각보다는 전국적으로(nation wide) 문명개화가 보급되고 있었던 것 같습니다.

이와 마찬가지로 흥미로운 사례는 히라타파(平田派) 국학자들의 동향이죠. 그들은 처음에는 제정일치(祭政一致)에서 헤게모니를 잡았지만 2~3년 만에 잃고 맙니다. '간나가라노 미치'(惟神の道)니까 도리가 없죠. 개명파도 히라타 국학파를 어떻게 취급해야 할지 곤혹스러웠습니다.[27] 처음에는 왕정복고, 제정일치의 제도로 돌아가 고대 율령제와 마찬가지로 신기관(神祇官)을 태정관(太政官)보다 상위에 두었습니다. 그것이 점점 몰락해서 급기야 1900년(메이지 33)이 되면 내무성 관제가 개정되어 신사국(神社局)과 종교국(宗敎局)으로 나누어지죠. 그런데 초기에는 제정일치 체제를 만들었기 때문에 인민을 교도(敎導)한다고 하는 교도직(敎導職)은 모두 신관(神官)이었습니다. 메이지 정부는 유신 직후에 히라타파 사람들을 그 신관으로 대거 임명했죠. 그런데 이제 그들을 이용할 방도가 마땅치 않자, 일대 전향인 셈이지만 문명개화의 선동에 이용한 겁니다. 그들을 전국에 파견해서 문명개화를 전파시키지요. 『메이지 문화전집』의 '문명개화편'에 이른바 개화물(開化物)들이 실려 있지요. 신관들이 직접 썼는지 어떤지는 차치하고 민중 속으로 들어가서 쉬운 말로 이야기합니다. 이건 심학 이래의 전통이고, 더 거슬러 올라가자면 렌뇨(蓮如, 1415~1499)[28]까지 갈지도 모르겠어요.

개화물에는 '가이지로'(開次郞)라거나 '규헤이'(舊平)라는 인물이 등장하는데, 전자는 개화적이고 후자는 반동적입니다. 규헤이 쪽이

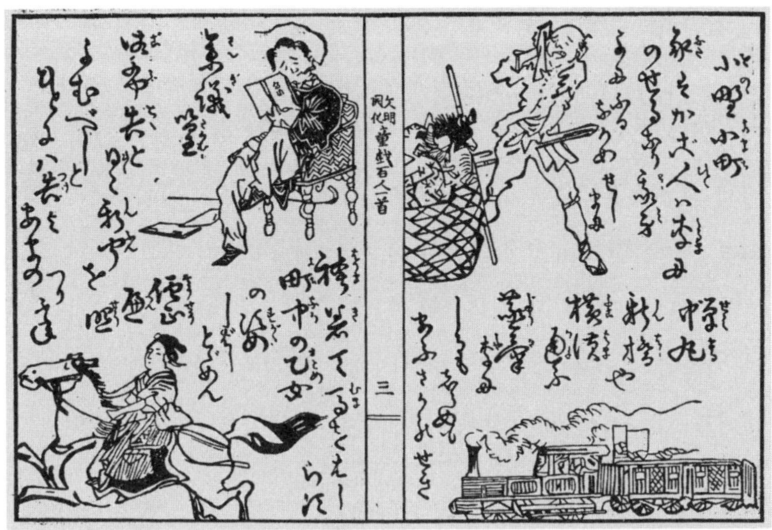

『문명개화 동희 백인일수』의 일부
에도 시기의 '道化百人一首'를 패러디하여 당시의 급격한 서구화를 풍자한 시가집으로서, 각 수(首)의
윗부분에 당시의 유행어를 집어넣었다. 왼쪽 윗부분이 '천황 포고' 운운하는 시구이다.

열심히 보수적인 것을 주장하면 가이지로가 되받아치죠. 문답체로 되어 있는 것이 재미있습니다. 문명개화 백인일수(百人一首)도 있어요. 민중용으로 백인일수의 패러디로서 곧잘 등장하죠. "코끝 알싸해지는 말린 잎담배, 길면 정말 좋겠다 생각해 보네" "천황 포고(布告) 실린 신문 매일 읽어라, 남들에게 알려라 천황의 낚싯배여"라는 등 당시의 상징들이 거의 망라되어 나옵니다.[29]

가토 | 한편으로는 슬로건을 만들어서 문명개화 선풍을 불러일으키게 하면서도, 해당 관리는 본래 문명개화의 목적으로서 부국강병을 의식하고 있었겠죠.

마루야마 | 『유씨미학』을 출간하기도 했던 메이지 정부가 문명개화

는 지나치다고 하면서 유교 교육을 갑작스레 부활시킨 시기와도 겹칩니다. 유신 직후에 사서오경은 쓰레기처럼 죄다 헌책방에서만 팔리고 있었는데 다시 가격이 폭등했지요. 후쿠자와가 잔뜩 화가 나서 개화 선생과 그 추종자들을 야유한 데에는 다 그런 배경이 있었던 겁니다.

가토 │ 오늘날 국제화와 관료의 관계하고도 비슷하군요.

마루야마 │ 메이지 유신 시기의 관료는 전국의 지식층에서 가장 우수한 자들을 모았습니다. 막부를 타도한 장본인인 번벌정부의 탁월한 점이죠. 후쿠자와뿐만 아니라 막부 관료 중 우수한 인재를 전부 채용하려 했습니다. 1875년(메이지 8)에 버클의 『영국 개화사』를 번역한 오시마 사다마스(大島貞益, 1845~1914)처럼 머리 좋은 청년들이 태정관 번역국에 있었죠. 막부의 개성소(開成所)[30]에 있었던 개명파 지식인은 대부분 메이지 정부로 들어갔으니까요. 공무원이나 관료의 질은 메이지 후반기 이래의 법과(法科)를 나온 고문(高文)관료의 시대, 곧 고등문관시험 합격자가 정부 고관이 된 시대와는 달랐지요. 그렇지 않았다면 나카에 조민이 정부의 의뢰를 받는 일도 없었을 거라고 생각합니다. 메이지 정부의 반동화가 분명해짐에도 불구하고 적대 관계에 있던 문부성의 위촉을 받아 『유씨미학』을 번역했다는 것은……. 사이온지 긴모치(西園寺公望, 1849~1940)가 『동양자유신문』(東洋自由新聞)을 내자고 한 시대였으니까 말입니다. 조야(朝野)라고 하지만 '조'가 반동적이고 '야'가 진보적이라고만 볼 수 없는, 훨씬 혼돈스러운 시대였던 거죠.

가토 │ 문부성은 미술학교, 음악학교를 어떻게 할까 생각하고 있었습니다. 서양식으로 할까 어쩔까 하는 논의도 있었죠. 미학에 대한 과신일지도 모르겠지만, 미학이라는 것을 살펴보면 어떤 음악, 어떤 그림을 가르쳐야 좋을지 예술 교육의 방향을 알 수 있지 않을까 하는 기대도 있었는지 모릅니다.

아무튼 예술교육은 결국 서양화와 일본화, 양악(洋樂)과 국악의 병행으로 낙착되었죠. 그 병행에는 상호 관계가 없이 완전히 독립적으로 다른 교사들이 다른 학생들을 가르치게 됩니다. 화혼양재(和魂洋才)가 아니라 화혼화재(和魂和才)와 양혼양재(洋魂洋才)의 병립이죠. 자연과학 쪽은, 적어도 국립대학에서는 완전히 서양 모델이고요. 모리 오가이가 말했듯이 "의학은 하나다"였죠. 따라서 한의학은 민간에 자리잡아 지금도 남아 있습니다. 화혼과 양재가 대립하거나 융합하거나 여러 가지 형태로 교섭한 것은 문제가 훨씬 복잡한 정치·경제·도덕의 영역이죠. 그 복잡성이 실로 멋지게 번역의 문제—무엇을 번역했나, 어떻게 번역했나, 사회가 번역된 개념과 사상을 어떻게 수용했나 등—로 나타나고 있는 것입니다.

지은이 후기

이 책은 편집부의 글(「이 책이 만들어지기까지」)에서도 알 수 있듯이 일본 근대사상대계 15권 『번역의 사상』(岩波書店, 1991)의 편집을 염두에 두고, 가토 슈이치가 마루야마 마사오에게 던진 질문에 마루야마가 대답한 내용을 정리한 것이다. 질문은 번역 문제를 중심으로 했지만 문답의 범위는 번역을 넘어서서 확대된다.

'메이지 초기의 번역'이라는 화제를 공시적(synchronic)으로 보면, 일본의 '근대화' 과정과 분리시켜 생각할 수 없다. 서양사회를 모범으로 한 근대화의 전제 중 하나가 광범위한 서양 문헌의 번역이었기 때문이다. 또 이를 통시적(diachronic)으로 보면, 이전 단계인 도쿠가와 시대의 문화를 고려하지 않을 수 없다. 그토록 짧은 기간에 문화의 거의 전 영역에 걸쳐 고도로 세련된 번역을 달성하는 놀라운 일이 가능하려면 일본 사회에 그럴만한 역사적 경험과 언어학적 수단, 나아가 지적 능력이 없어서는 안되기 때문이다. 마루야마가 메이지 초기의 전반적인 사상적 상황을 이야기하면서 에도 시대 유학자들의 지적 작업으로 파고들어 여러 가지를 언급한 까닭도 여기에 있다.

나 자신은 이 문답을 하는 가운데 많은 것을 배웠고 몹시 즐거웠을 뿐더러—아무 것도 배우는 것 없이 어찌 대화를 즐길 수 있으랴 만—번역과 직접 관련되는 문제를 정리하여 「메이지 초기의 번역」이 라는 논문을 썼다.(『번역의 사상』의 해설로 나중에 나의 저작집 17권 『일 본의 시가(詩歌)·일본의 문체』〔平凡社, 1996〕에 수록되었다.) 그 글에서는 왜, 무엇을, 어떻게 번역했는가 하는 세 가지 점에 관해서 자세히 논 했다.

도쿠가와 시대의 문화 가운데 (주로 지적·사상적 영역에서) 큰 비중 을 차지한 부분은 번역문화였다. 소라이도 지적했듯이, 일본어 어순 으로 고쳐 읽은 한문은 중국어 문헌(주로 고전)의 번역이므로, 일본어 를 매개로 중국어 어휘나 표현법을 받아들여 소화한 도쿠가와 시대의 유학자 문화 전체가 그런 의미에서는 번역문화였다. 그 경험이 메이 지 시대에 서양어 문헌을 대대적으로 번역할 수 있게끔 한 것이고 그 럼으로써 근대 일본을 만들어 냈다고 할 수 있으리라.

번역 문화라고 해서 독창성이 배제되는 것은 아니다. 도쿠가와 시 대의 독창성은 일본어 어순으로 바꿔 읽은 한문에 별로 의존하지 않 았던 조루리(淨琉璃)나 하이카이(排諧)에만 있는 것이 아니라, 한문 의 개념을 구사한 유학자의 사상적 작업에도 깃들어 있다. 일본 학자 가 동시대 중국 학자의 꽁무니를 따라다녔다고만은 할 수 없는 것이 다. 메이지 이후의 문화에 대해서도 적어도 어느 정도까지는 마찬가 지로 말할 수 있겠다.

또 번역 문화가 그 나라의 문화적 자립을 위협하는 것은 아니다. 오 히려 역으로 문화적 자립을 강화하는 측면을 가지고 있다. 번역은 외국의 개념과 사상의 단순한 수용이 아니라, 다행인지 불행인지 항상 자국의 전통에 의한 외래 문화의 변용이기 때문이다. 외래 사상이 지식층과 대중 사이의 간격을 장기적으로 확대시키지만은 않는다. 바로 이 점을 메이지 초기의 번역자들—적어도 그 일부—은 분명히 깨닫고 있었다. 만약 문화적 창조나 혁신적 사상이 지식인과 대중의 깊이 있는 접촉을 통해 성립하는 것이라고 한다면, 번역 문화는 창조력을 자극하면 자극했지 억압하지는 않는 것이다.

그러나 외국어를 일본어로 번역하는 것은 그 외국이 중국이든 서양 나라들이든 항상 문화를 '일방통행'식으로 받아들이는 수단이었다. 다른 문화들간의 접촉이 '쌍방통행'일 수 있으려면 일본어를 외국어로 역(逆)번역하는 것이 동시에 이루어지든가, 복수의 문화에 공통된 언어, 곧 lingua franca(또는 국제어)가 있어야 한다. 역번역은 에도 시대에도 메이지 이후의 근대에도 매우 드문 예외적인 일이었다. lingua franca는 중세 유럽에서는 존재했으나, 19세기에서 20세기 전반에 걸친 시기의 세계에는 존재하지 않았다. 이러하듯 문화적 '일방통행'은 쇄국의 일본뿐만 아니라 근대 일본의 특징이기도 했던 것이다.

문화의 '일방통행'은 국제사회에서의 고립을 뜻한다. 그 고립을 타파하고 국제사회에서 자기를 주장하기 위해 근대 일본이 선택한 수단은 우선 군사력이었고, 군사력에 의한 자기주장이 실패한 뒤로는 경제력이었다. 그러나 원활한 커뮤니케이션이 따르지 않은 채 경제력으로 자기주장을 하는 데에는 한계가 있고, 원활한 커뮤니케이션은 문화적 고립이라는 조건 아래서는 성립될 수 없다.

현재의 상황은 물론 메이지 초기의 상황과 아주 다르다. 지금 여기서 상세하게 언급할 수는 없지만, 그 중에 하나는 국제어로서의 영어가 가진 압도적 힘이다. 두 개의 지역어로서 영어 대 일본어의 관계와, 국제어(=영어) 대 지역어(=일본어)의 관계는 다르다. 오늘날의 일본은 메이지 초기의 일본이 풀고자 했던 문제, 곧 번역과 문화적 자립, 번역문화의 '일방통행'과 국제적 커뮤니케이션의 요청이라는 문제를 상이한 조건 아래서 풀어야만 하는 것이다.

그러므로 메이지 시대의 번역주의를 검토하는 일은 오늘날의 시점에서야말로 각별하게 중요한 의미를 지니리라 생각한다.

1998년 10월

가토 슈이치

옮긴이 주

1부 번역문화의 도래

1) 메이지 신정부가 열강과 체결한 불평등조약의 개정을 준비하기 위해 1871
~1873년에 우대신(右大臣) 이와쿠라 도모미(岩倉具視, 1825~1883)를
특명전권대사(特命全權大使)로 기도 다카요시(木戶孝允, 1833~1877), 오
쿠보 도시미치(大久保利通, 1830~1878), 이토 히로부미(伊藤博文, 1841
~1909) 등을 부사(副使)로 하여 미국과 유럽에 파견한 사절단. 화·사족
(華士族) 자제 50여 명의 유학생도 동행했다. 워싱턴에서 미국 국무장관과
의 협의를 요청하다가, 일본 정부의 위임장이 필요하다는 말에 오쿠보·이
토가 귀국해서 위임장을 가져오는 해프닝을 벌이기도 했다. 결국 조약 개정
을 위한 교섭은 실패로 끝나고, 이후 서구 문물을 시찰하는 데 주력하게 된
다. 사절단의 여정을 살펴보면 다음과 같다.(괄호안은 해당 연월)
　　요코하마(1871.12) → 미국(1872.1) → 영국(1872.8) → 프랑스
(1872.12) → 벨기에 (1873.2) → 네덜란드 → 독일(1873.3) → 러시아 →
덴마크(1873.4) → 스웨덴 → 독일(1873.5) → 이탈리아 → 오스트리아
(1873.6) → 스위스 → 프랑스(1873.7) → (수에즈 운하─인도─싱가포
르─사이공─홍콩─상하이) → 요코하마(1873.9). 사절단이 남긴 기록은
수행했던 역사가 구메 구니타케(久米邦武, 1839~1931)에 의해 5권의 『미
구회람실기』(米歐回覽實記, 1875)로 정리되어 나왔다.(마리우스 B. 잰슨 지
음, 장화경 옮김, 『일본과 세계의 만남』, 소화, 1999, 제2장 참조) 사절단과 『미
구회람실기』에 대한 기존 연구는 田中彰·高田誠二 編, 『米歐回覽實記の學
際的研究』(北海道大學圖書刊行會, 1993)에 망라되어 있다.

2) 메이지 시기의 법학자. 막부 말기에 난학을 익힌 의사였던 조부 미쓰쿠리
겐포(箕作阮甫, 1799~1863)에게서 난학을 배웠다. 미쓰쿠리 겐포는 러시

아 사절 푸차친(E. V. Putyatin, 1803~1883)의 응접과 일미 화친조약 체결 당시에 막부의 덴몬카타(天文方, 천문·역법·측량·번역 등을 담당한 에도 막부의 직명) 번역원(飜譯員)으로 참여한 바 있다. 미쓰쿠리 린쇼 역시 외국봉행(外國奉行)으로 번역 업무를 담당했고, 메이지 유신 직전인 1867년 수행원으로 프랑스에 건너간 적이 있으며, 귀국한 뒤 유신정부의 일등역관(一等譯官)으로 기용된다. 번역국장(飜譯局長), 민법 편찬과장 등을 역임하면서 민법과 상법을 편찬했고, 귀족원 의원, 화불법률학교(和佛法律學校, 지금의 호세이〔法政〕대학) 학장을 맡기도 했다. 주요 역서로 『프랑스법률서』(佛蘭西法律書)가 있다.

3) 1857년 도쿠가와 막부가 네덜란드에 건조를 의뢰해 구입한 군함. 1860년 가쓰 가이슈(勝海舟, 1823~1899)를 함장으로 한 미국 파견 사절단을 태우고 일본 최초로 태평양 횡단에 성공한 배이다.

4) 1862년 사쓰마 번 사무라이들이 영국인을 살상한 사건.

5) 메이지 신정부군과 구(舊) 막부군 사이에 벌어진 내전. 1868년 1월 교토 부근의 도바(鳥羽)·후시미(伏見) 전투에서 시작, 1869년 5월 홋카이도 오릉곽(五稜郭) 전투로 종결되었다. 열강은 내전 초기에 '중립'을 선언했고, 첫 전투에서 승리한 이후 신정부군은 막부군에 연전연승하며 1868년 4월에 도 성을 접수했다.

6) 사이고 다카모리(西鄕隆盛)를 중심으로 한 가고시마(鹿兒島) 사족(士族)의 반정부 반란.

7) 메이지 시기의 정치가로 호는 세가이(世外). 막부 말기의 존왕양이운동에서 이토 히로부미 등과 함께 조슈 번의 중심 인물로 활약했다. 메이지 유신 후인 1871년 대장성(大藏省) 관료로서 지조개정(地租改正)과 질록처분(秩祿處分)을 추진, 메이지 정부의 경제적 기반을 마련했으며, 제1차 이토 히로부미 내각(1885~1888)의 외무대신으로서 조약개정 교섭을 담당하기도 했다. 1898년 이후 겐로(元老)로서 막후 정치력을 발휘했으며, 미쓰이(三井) 재벌의 고문 격으로 재계에 큰 영향력을 행사했다.

8) 메이지 전반기의 계몽사상가, 외교관, 교육행정가. 사쓰마 번 출신으로, 1865년 번의 명령에 의해 영·미로 유학, 런던에서 해군 측량술을 연구했고

러시아를 여행한 적도 있다. 1868년 귀국한 이후 청국 공사(1875), 영국 공사(1879) 등을 역임했다. 1873년 메이로쿠샤(明六社)의 설립에도 관여했으며 같은 해에 영문으로 『일본의 교육』을 저술하여 주목을 받았다. 1885년 제1차 이토 히로부미 내각 때 초대 문부대신에 취임, 독일 교육사상을 수용하고 '국가의 필요에 부응하는' 교육이념을 강조하며 1886년의 「제국대학령」을 비롯한 각급 학교령을 제정하여 국가주의적 교육제도의 확립을 주도했다. 1889년 2월 11일 메이지 헌법 발포식 당일에 반대파의 자객에게 암살당했다.

9) 주가(主家)를 갖지 못하고 관리에 임용되지 못한 사무라이. '牢人'으로도 표기한다. 에도 시대에 막부에 의한 다이묘(大名)의 개역(改易)·감봉(減封), 막부법 위반, 상속자 단절 등의 문제로 인해 발생했다. 도쿠가와 이에야스(德川家康, 1542~1616) 이래 쇼군 3대에 걸쳐 40~50만 명의 로닌이 양산되면서 사회문제가 되었다. 1651년 유이 쇼세쓰(由比正雪, 1605~1651) 등의 막부 타도 계획, 이른바 '게이안(慶安) 사건'이 미수에 그친 후, 에도 막부가 말기양자(末期養子)를 인정해 주는 방식으로 로닌 대책을 마련한 적도 있다. 에도 초기 그리스도교도 반란인 '시마바라(島原)의 난'(1637~1638)을 진압하고 전쟁상황이 종식된 뒤로 로닌의 관리 임용 기준이 무공(武功)이나 무예에서 군사학·유학·의술 등으로 바뀜에 따라 이들 가운데 당대 일류의 학자와 문인이 배출되기도 했다. 아라이 하쿠세키(新井白石), 오규 소라이(荻生徂徠), 마쓰오 바쇼(松尾芭蕉, 1644~1694), 지카마쓰 몬자에몬(近松門左衛門, 1653~1724) 등이 그 대표적 인물이다. 에도 말기의 격변기에는 존왕양이(尊王攘夷)운동의 주축으로서 역사의 물줄기에 큰 영향을 미치기도 했다.

10) 메이지 신정부를 비판한 자유민권운동은 주도층의 성격 변화에 의해 시기가 구분된다. 보통 1877년 세이난 전쟁까지를 사족 중심의 '사족민권', 그 이후를 호농(豪農, 부농)·상공업자 중심의 '호농민권'이라고 한다. 1882~1885년의 이른바 '격화(激化)사건', 곧 정부의 탄압에 대해 농민층이 봉기한 직접 행동 시기를 '농민민권'으로 단계를 구분하는 경우도 있다.

11) 장편 역사소설 『새벽』은 시마자키 도손(본명은 하루키[春樹]) 말년의 대표

작이다. 1929년 4월부터 1935년 10월까지 월간지 『중앙공론』(中央公論)에 (연 4회) 연재되어 1935년 신초샤(新潮社)에서 2부로 간행되었다. 주인공 아오야마 한조는 부친 시마자키 마사키(島崎正樹, 1831~1886)를 실제 모델로 한 인물이다. 나가노(長野) 현 기소(木曾) 군의 한 마을에서 숙박업을 경영하는 아오야마는 일찍이 히라타 아쓰타네(平田篤胤)파 국학에 심취, 근황(勤皇) 의지가 투철해서 메이지 유신을 맞자 왕정복고(王政復古)와 제정일치가 곧 실현되리라 믿고 기쁨에 들뜨지만 '문명개화'라는 이름 아래 서구화 만능의 세태가 전개되자 절망 끝에 발광하여 비참한 최후를 맞는 인물로 묘사되고 있다.

12) 에도 중기 이후 막부나 번이 재정난을 해소하기 위해 번이나 가신(家臣)에게 부과했던 헌상미(獻上米).

13) 에도 중기의 유학자. 소라이는 호, 이름은 나베마쓰(雙松). 에도 고문사학파(古文辭學派, 겐엔〔蘐園〕학파라고도 한다)의 비조. 중국 명대(明代) 고문사학의 방법론을 육경(六經) 해석에 응용, 공자의 본래 의도를 '선왕지도'(先王之道)로 드러내야 한다고 하여, 이토 진사이(伊藤仁齋)가 이끈 교토(京都) 고의학파(古義學派)를 비판했다. 1726년경 쇼군 도쿠가와 요시무네의 자문에 응답한 『정담』(政談)을 저술하여 막부정치의 문제점을 예리하게 지적, 무사 토착화 중심의 봉건정치 재건책을 제시한 것으로 유명하다.

14) 에도 막부의 제5대 쇼군 도쿠가와 쓰나요시(綱吉, 1646~1709)의 측근으로서 겐로쿠(元祿 1688~1704) 시기의 정치를 주도한 인물. 은퇴 후에는 고후(甲府) 번의 번주를 지냈다. 오규 소라이는 1696년부터 요시야스를 보좌하다가 쓰나요시가 죽고 요시야스가 은퇴하자 에도의 니혼바시(日本橋)에 사숙(私塾)을 세우고 고문사학파를 형성했다.

15) 전(筌)은 물고기를 잡는 통발, 제(蹄)란 토끼를 잡는 덫을 뜻하며, 이를 합친 '전제'란 길잡이, 안내라는 뜻이다.

16) '일신이생'이란 후쿠자와 유키치가 『문명론의 개략』(文明論之槪略, 1875)의 머리말(緖言)에서 '일인양신'(一人兩身)과 함께 사용한 말이다. 본문에서도 설명되어 있듯이 이 말은 상이한 역사적 발전단계가 공간적으로 동시 병존하는 상태를 가리킨다. 『문명론의 개략』 제4장(한 나라 국민의 지덕〔智

德〕을 논함)에서 사용한 '금오고오'(今吾古吾)나 『시사소언』(時事小言, 1881) 머리말에서 사용한 '일인이생'(一人二生)도 같은 의미다. 한편 후쿠자와는 『문명론의 개략』 머리말에서 자신이 지향하는 '일본 문명론'의 수립, 곧 서양 문명론의 단순한 섭취와 이용이 아니라 그것으로부터의 '독립'이라고 하는 작업이 얼마나 성취하기 힘든 일인가를 말하는 가운데서 '개진'(改進)과 대비시켜 '시조'(始造)라는 말을 썼다. 그냥 '창조'라고 번역할 경우에는 당시에 굳이 이 말을 썼던 후쿠자와의 멘탈리티를 전달하기 어려울 것 같다. 후쿠자와는 "오늘날 일본의 문명은 말하자면 불을 물로 바꿔 놓고 무(無)에서 유(有)로 옮겨 가려는 형국인지라, 그 급격한 변화는 그냥 '개진'이라고 해서는 안되며 오히려 '시조'라고 불러야 마땅할 것"이라고 했다.

17) 도쿠가와 요시무네는 실학(實學) 진흥과 산업 장려를 목적으로 한역양서에 대한 종래의 수입제한을 (그리스도교 관련 서적을 제외하고) 완화하는 동시에, 유학자 아오키 곤요(靑木昆陽, 1698~1769)와 본초학자 노로 겐조(野呂元丈, 1639~1761) 등에게 네덜란드어를 익히게 했는데, 이 조치가 양학(洋學)으로서의 난학(화란＝네덜란드학)이 발전하는 배경이 된다. 아오키는 『화란문자약고』(和蘭文字略考), 『화란화역』(和蘭話譯), 노로는 『오란다(＝화란)본초화해』(阿蘭陀本草和解)라는 저서를 남겼다. 난학이 본격적으로 발전하게 된 계기는 의학 분야에서 마련되었다. 그 기념비적 업적이 『해체신서』(解體新書, 전5책)이다. 1774년에 간행된 이 책은 독일의 쿨무스(J. A. Kulmus)가 지은 해부학 서적 『해부도표』(*Anatomische Tabellen*)를 네덜란드인 디크텐(G. Dicten)이 번역한 *Ontleedkundige Tafelen*의 1734년판을 중역한 것인데, 마에노 료타쿠(前野良澤, 1723~1803)와 스기타 겐파쿠(杉田玄白, 1733~1817) 등이 참고할 사전도 없는 상태에서 3년 만에 번역해 낸 책으로 에도 시대 난학의 대명사이다.(마리우스 B. 잰슨, 앞의 책, 제1장 참조) 이미 1759년 야마와키 도요(山脇東洋, 1705~1762)가 일본 최초의 해부도록 『장지』(藏志)를 펴내, 자신의 사체 해부 경험에 근거하여 오장육부설의 오류와 서양 해부학의 정확성을 지적한 바 있었지만, 이제 그 본바닥 지식이 일반인들에게도 알려지게 되었던 것이다. 스기타 겐파쿠는 말년에 『해체신서』의 힘겨운 번역과정을 회고한 『난학사시』(蘭學事

始, 1815)를 간행하기도 했다. 스기타의 제자인 센다이(仙台) 번 의사 오쓰키 겐타쿠(大槻玄澤, 1757~1827)는 최초의 난학 사숙(私塾)인 지란당(芝蘭堂)을 에도에 설립(1785)하고 초보자용 네덜란드어 입문서 『난학계제』(蘭學階梯, 1788)를 저술한 바 있는데, 『해체신서』의 번역상태에 만족스럽지 못했던 스기타의 요청으로 개정 작업에 착수해 증보판을 펴냈다.(『重訂解體新書』 전13책, 1798년경 완성되었으나 실제 간행은 1826년에 이루어졌다.) 오쓰키의 지란당에서는 나가사키의 네덜란드 상관(商館)에서 거행되던 새해 맞이 축하 연회를 모방해서 매년 양력 1월 1일 새해를 축하하는 '오란다 정월'(阿蘭陀正月) 의식(新元會)이 개최되기도 했다.(시작은 정확히 알 수 없고 1837년까지 총 44회가 열렸다고 한다.)

한편 일본 최초의 난일(蘭日)사전은 오쓰키의 제자인 이나무라 산파쿠(稻村三伯, 1758~1811)가 펴낸 『할마 화해』(ハルマ和解 또는 波留麻和解, 1796)이다. 전27책(13책본도 있음)으로 된 이 사전은 네덜란드의 출판업자 프랑수아 할마(François Halma, 1653~1722)가 편찬한 네덜란드-프랑스어 사전(1729년 제2판)에 근거해서 편찬되었다. 처음에 오쓰키는 이 사전을 '前蘭後和東西韻會'라고 명명했으나 이나무라가 사용한 '波留麻和解'가 통용되었다. 수록어휘 총 6만 자. 이 사전은 '에도 할마'라고도 불렸는데, 이는 1833년에 간행된 '나가사키 할마'(또는 '되프 할마')와 구별하기 위한 것이다. '나가사키 할마'는 나가사키 상관장(商館長) 되프(Hendrik Doeff) 등이 똑같이 할마의 사전 제2판을 저본으로 해서 1812년 편찬에 착수하여 완성한 사전이다. 그러나 나가사키 통역사들이 대거 동원된 이 사전은 원래 막부 증정용으로 만든 것이기 때문에 시중에는 거의 유포되지 않았다. 사쿠마 쇼잔(佐久間象山)이 간행을 시도한 적이 있으나 막부의 허가를 얻지 못하다가 페리 내항 이후 간행 허가를 얻어내게 되는데, 이때 개정작업을 거쳐 가쓰라가와 구니토모(桂川國興, 호슈[甫周]라고 불리기도 했으나 『해체신서』 번역작업 참여자 중 최연소자였던 가쓰라가와 호슈[1754~1809]와는 다른 인물)의 이름으로(실제 작업은 그의 동생인 호사쿠[甫策]가 중심이 됨) 1858년(安政 5)에 간행된 것이 난학 최대의 사전인 『화란자휘』(和蘭字彙)이다.

18) 도쿠가와 막부가 '쇄국'조치를 취하기 전인 센고쿠 시대 말기와 에도 초기
에는 예수회(Jesuit) 선교사들에 의한 이른바 '남만문화'(南蠻文化)가 꽃피
었다. '바테렌'(バテレン＝伴天連, 포르투갈어 padre＝신부)이라 불린 이 선
교사들 중에는 1549년 가고시마(鹿兒島)에 도착, 일본 포교를 개시한 프란
시스코 사비에르(Francisco de Xavier, 1506~1552)를 비롯해서, 집단세
례를 통해 에도 시대 '잠복(潛伏) 크리스천'(隱れキリシタン)의 기초를 마련
한 가스파르 빌렐라(Gaspar Vilela, 1525~1572), 일본포교사를 편년체
로 정리한 루이스 프로이스(Luis Frois, 1532~1597), 인쇄술을 전해 준
알렉산드로 발리냐노(Alexandro Valignano, 1539~1606) 등이 있다. 이
들에 의해 활판인쇄술이 전파되고 로마자에 의한 그리스도교 문학·종교 서
적의 번역, 일본어 사전의 간행 등이 이루어졌다. 이 출판물들을 이른바 '기
리시탄판'(キリシタン版)이라고 하는데, '기리시탄'(吉利支丹, 切支丹)이란
포르투갈어 cristão에서 온 외래어로서 그리스도교도, 곧 크리스천을 말한
다.(포르투갈어에서 유래한 일본의 외래어로는 메리야스, 카스테라, 빵 등이 있
다.)

　현존하는 최고의 예수회 일본어 사전은 1595년 일본 예수회가 편찬한 『라
포일사전』(羅葡日辭典 *Dictionarium Latino-Lusitanicum ac
Iaponicum*)으로서, 칼레피노(A. Calepino)의 라틴어 사전을 토대로 포르
투갈어와 일본어를 대역(對譯)한 것이다. 그러나 당시에 간행된 사전 중 가
장 널리 알려진 것은 1603~1604년에 간행된 『일포사서』(日葡辭書
Vocabvlario da Lingoa de Iapam com a declaração em Portugues)
와 1604~1608년에 간행된 『일본대문전』(日本大文典 *Arte da Lingoa de
Iapam Composta Pello Padre Ioão Rodriguez*)이다. 『일포사서』의 편찬
자는 분명치 않은데, 예수회 선교사들이 일본인 신자들의 협력을 얻어 편찬
했으며 당시 일본인이 만든 사전보다 뛰어나다는 평가를 받았고 3만이 넘
는 풍부한 어휘가 수록되어 있어 무로마치(室町)시대 언어연구의 필독문헌
으로 꼽힌다. 일본어 번역으로 土井忠生·森田武·長南實 編譯, 『邦譯 日葡
辭書』(岩波書店, 1980)가 있다. 『일본대문전』은 일본 예수회 선교사 중 최
고의 일본어학자였던 포르투갈인 주앙 호드리게스(João Rodriguez

Tçuzu, 1561~1634)에 의해 편찬되었다. 호드리게스는 예수회와 도요토미 히데요시·도쿠가와 이에야스 사이의 외교·무역 문제 절충 때 통역을 도맡았기 때문에, 같은 이름의 선교사들과 구별하기 위해 Tçuzu(通事)를 붙인 이름으로 불렸다. 16세 때 일본에 와서 신학을 배운 그는 일본어 설교가 가능할 정도의 어학력을 갖춘데다 이재에도 밝아 재정을 담당하기도 했다. 호드리게스는 나가사키 무역과 정치 문제에 지나치게 관여했다는 이유로 1610년 마카오(澳門)로 추방되었으며 말년인 1628~1632년에는 포르투갈 청(淸) 토벌군에 통역관으로 종군한 공로를 인정받아 명(明) 황제 의종(毅宗)으로부터 예수회 선교사 최초로 포상을 받기도 했다. 그의 중국명은 루뤄한(陸若漢)이다. 그는 중국에서 유·불·도 3교를 연구하는 한편 일본어 사전인 『일본소문전』(日本小文典 *Arte Breve da Lingoa Iapoa*, 1620)을 간행하고 『일본교회사』(*Historia da Igreja de Iapam*)를 집필했다. 『일본대문전』은 라틴어 문법과 사전의 틀에 맞추어 구어를 중심으로 문어 문법을 설명하는 한편 경어법, 조사 등 일본어의 특징도 구체적으로 정리하고 있다. 『일본대문전』은 土井忠生 譯注, 『ロドリゲス日本大文典』(三省堂, 1955), 『일본소문전』은 日埜博司 編譯, 『日本小文典』(新人物往來社, 1993)으로 일역되었다.

19) 교토 고의학파(古義學派)의 비조인 이토 진사이(伊藤仁齋)의 장남. 진사이 사후에 주요 저서의 최종본을 편집, 간행할 때(1705~1720) 대폭적인 정정을 가했다. 이 때문에 진사이의 주저인 『논어고의』나 『맹자고의』는 오히려 도가이의 저서에 가깝다는 평가를 받는다. 주요 저서로는 『고금학변』(古今學變, 1718년경)과 중국·일본의 제도를 논한 역사서 『제도통』(制度通, 1797) 등이 있다.

20) 에도 초기의 교토 출신 유학자로 별호(別號)는 고의당(古義堂)으로 그가 설립한 사숙(私塾)의 이름과 같다. 교토 고의학파(古義學派)의 창시자이며 주자학을 송대 유학자의 독단론이라고 배척하고, 공자·맹자의 원전에서 성인의 본뜻을 찾자는 복고론을 제창했다. 전국에서 운집한 3천여 명의 제자들로 일대 학파를 구축했는데, 그 배경에는 도덕의 기준을 인정(人情)에 두는 등, 고의학의 주장이 겐로쿠(元祿)기 조닌(町人)문화를 뒷받침하는 측면이

있었기 때문이다. 주요 저서로는 '삼서고의'(三書古義), 곧 『논어고의』(論語
古義), 『맹자고의』(孟子古義), 『중용발휘』(中庸發揮)와 『어맹자의』(語孟字
義) 등이 있다.

21) 에도 중기의 유학자이자 정치가이다. 하쿠세키는 호, 이름은 긴미(君美).
로닌(浪人) 생활을 하다 주자학자 기노시타 준안(木下順庵, 1621~1698)
의 문하에 들어가 두각을 나타냈다. 1693년 준안의 추천으로 고후(甲府)
번 번주(藩主) 도쿠가와 쓰나토요(德川綱豐, 1662~1712)의 시강(侍講)이
된다. 이후 쓰나토요가 제5대 쇼군 쓰나요시(綱吉)의 양자가 되고(1704),
나아가 제6대 쇼군(이에노부〔家宣〕)으로 취임하면서, 막부정치에 대한 발언
권을 강화했다. 이에노부 사후에도 어린 쇼군 이에쓰구(家繼)를 보좌하면
서 통화개량·무역제한·사법개혁 등에 힘써 선정(善政)했다는 칭송을 받는
다. 그러나 지나친 유교적 이상주의로 말미암아 정치적으로 고립되고 1716
년 도쿠가와 요시무네(吉宗)가 제8대 쇼군이 되자 정치적 실권을 상실, 불
우했던 말년에는 저술에 전념했다. 그의 저술은 다방면에 걸쳐 있다. 역사
서로는 각 다이묘(大名) 가문의 사적을 계보로 정리한 『번한보』(藩翰譜),
고대정치에서 도쿠가와 막부 성립에 이르는 정치변동을 기술한 『독사여론』
(讀史余論), 신화에 대한 합리적 해석을 시도한 『고사통』(古史通)이 있으
며, 지리서로는 에조치(蝦夷地, 지금의 홋카이도와 도후쿠〔東北〕 지방 일부)
와 류큐(琉球, 지금의 오키나와)에 대한 최초의 지리책인 『에조지』(蝦夷志),
『남도지』(南島志), 『류구국사략』(琉球國事略)이 있다. 언어학으로는 일본어
명사의 어원과 변천을 밝힌 『동아』(東雅), 그리고 한자의 기원과 가나 등을
다룬 『동문통고』(同文通考) 등이 있고, 그 밖에 이탈리아 선교사 시도티 심
문기로서 세계정세를 소개한 『서양기문』(西洋紀聞)과 『채람이언』(采覽異
言)이 유명하다.

22) 이탈리아 시칠리아 출신의 선교사. 로마 교황 클레멘테 11세로부터 일본
포교를 부활시키라는 임무를 받아 1708년 10월에 규슈에 도착했으나 곧바
로 체포되어 나가사키로 호송된 뒤 취조를 받았다. 1709년에는 에도로 호
송되어 쇼군의 특명을 받은 아라이 하쿠세키와 대면, 11월부터 12월까지
네 차례에 걸쳐 심문을 받았는데, 이 과정에서 그리스도교의 일본침략설은

오해임을 납득시키는 등 박식함과 인품으로 하쿠세키를 감동시켰다고 한다. 시도티는 종신구금형에 처해져 결국 지하감옥에서 병에 걸려 죽었지만, 하쿠세키는 그와의 대면을 계기로 세계 역사와 지리에 대한 이해를 심화하여 실증적인 양학을 발전시킬 수 있는 분위기를 조성할 수 있었다.

23)『日本政治思想史研究』의 제1장 제3절 「소라이가쿠(徂徠學)의 특질」 참조.

24) 小林秀雄,『本居宣長』, 新潮社, 1977. 문예잡지『신조』(新潮)에 1965년부터 연재된 고바야시 '필생의 역작'이다.

25) 모토오리 노리나가가 1796년에 완성한『겐지 모노가타리 다마노 오구시』(源氏物語玉の小櫛)의 초고에 해당하는 글로『겐지 모노가타리』를 소재로 했는데, 이야기의 본래 뜻은 유교나 불교의 가르침이 아니라 대상을 느끼고 움직이는 사람의 마음에 있다고 하는, 이른바 '모노노 아와레'(もののあわれ)를 주장했다.

26) 에도 중기의 국학자이자 시인으로 호는 아가타이(縣居).『만엽집』을 중심으로 한 일본 고전 연구에 정통했다. 유교·불교 등이 들어오기 이전의 고대 정신, 곧 고도(古道)를 부활시키자는 복고주의를 제창했다. 주요 저서로는 『만엽고』(萬葉考),『가의고』(歌意考) 등이 있다. 1763년 야마시로(山城), 야마토(大和), 이세(伊勢) 등지로 여행하던 도중, 마쓰자카(松板, 지금의 미에〔三重〕현)에서 모토오리 노리나가(당시 34세, 마부치는 67세)를 문하로 받아들이게 된 만남은 '마쓰자카의 하룻밤'이라는 이야기로 일본의 국어 교과서에 실렸을 만큼 유명하다.

27) 吉川幸次郎,『本居宣長』, 筑摩書房, 1978.

28) 모토오리 노리나가가 1793년부터 죽을 때(1801)까지 쓴 수필집. 모두 15권으로 고증, 견문, 담화, 초기(抄記) 등에서 자신의 생각을 잘 드러내고 있다. 노리나가의 인생관과 학문관을 파악하는 데 중요한 자료이다.

29) 모토오리 노리나가가 1778년에 지은 저서(1796년 간행). 고대부터 도쿠가와 이에야스(德川家康) 때까지 일본과 중국·조선 사이의 교섭을 연구, 유학자의 중국 숭배(사대주의)를 비판한 책이다. '가라오사메노 우레타미고토'라고도 읽는다.『어융개언』은 이른바 '진구황후(神功皇后) 삼한(三韓)정벌' 설을 '역사적 사실'로 서술하고 도요토미 히데요시를 '도요쿠니(豊國)의 가

미(神)'라고 지칭하면서 조선 침략을 '조선국을 평정하신 그 위세'라고 표현하는 등, 야마토다마시 확립(황국학의 수립)의 주장과 동전의 양면을 이루는 조선 멸시관의 정착을 상징적으로 보여주고 있다. 미야케 히데토시, 하우봉 옮김, 『역사적으로 본 일본인의 한국관』(풀빛, 1990), pp. 109~14 참조.

30) 村岡典嗣, 『本居宣長』, 警醒社, 1911(增訂版: 岩波書店, 1928). 무라오카는 역사학자로서 일본사상사의 개척자 중 한 사람인데, 엄밀한 문헌학적 방법론으로 유명하다.

31) 에도 전기의 진언종(眞言宗) 승려이자 국학자. 『만엽집』 등 일본 고전 연구에 전념했고, 모토오리 노리나가에게 큰 영향을 끼쳤다.

32) 사상가이자 정치가. 게이오 의숙(慶應義塾)에서 근대 학문을 익히고 1870년 영국으로 유학했다. 1878년 귀국한 뒤 공존동중(共存同衆), 국우회(國友會), 자유당(自由黨)에서 활동했다. 『공존잡지』(共存雜誌), 『자유신문』(自由新聞), 『조야신문』(朝野新聞) 등을 통해 자유민권사상의 소개와 보급에 힘썼다. 1885년 폭발물 단속규칙 위반 혐의로 검거되었다가 이듬해 미국으로 건너가 메이지 정부를 비판하는 언론활동을 벌이다가 필라델피아에서 객사했다.

33) '후치사'라는 말은 예수회 시기에도 있었다. 당시 예수회에서는 '일본어' 조사를 전치사(Preposição)로 부르는 것이 일반적이었으나, 『일본대문전』의 편찬자인 주앙 호드리게스(João Rodriguez Tçuzu)처럼 명사 뒤에 오므로 후치사(Posposição)라고 불러야 한다는 견해도 있었다. 『일포사서』를 보면, 본편의 '以テ'(Motte)와 보유편의 '於イテ'(Voite)에는 전치사라고 주를 단 반면, 'カラ'(Cara)에는 후치사(Posposição)라는 주를 달고 있으며 '二'(Ni), 'タメ'(Tame), 'ヨリ'(Yori) 등 일부 항목에서는 Proposição이라는 특이한 용어를 사용해서 후치사임을 나타내고 있다. 土井忠生·森田武·長南實 編譯, 『邦譯 日葡辭書』, 岩波書店, 1980, pp. 22, 855~56.

34) 安永梧郎, 『馬場辰猪』(Misuzu Reprint 10), みすず書房, 1987.

35) 메이지 초기의 소설가, 정치가, 저널리스트. 호는 류케이(龍溪). 분고(豊後)국 사이키(佐伯) 번(지금의 오이타[大分] 현) 무사의 아들로 태어났다. 게이

오 의숙(慶應義塾) 졸업 후 1878년 후쿠자와 유키치의 추천으로 오쿠마 시게노부(大隈重信)를 보좌, 1881년 정변으로 오쿠마가 하야한 뒤 입헌개진당을 결성하자(1882) 이에 참여했다. 같은 해에 유빈호치(郵便報知) 신문사 사장에 취임했으며, 1884~1886년간 유럽·미국의 신문사를 시찰하고 귀국한 뒤, 신문의 대중화를 내걸고 일대 개혁을 단행했다. 1890년 의회 개원 직후 궁내성(宮內省) 관료가 되었으며, 1897년에는 당시의 외무대신 오쿠마 휘하에서 청국 공사를 맡기도 했다. 퇴임 후에도 사회문제에 관심을 기울였고 1924년 오사카 마이니치 신문사 부사장을 역임했다.

36) '메이지 문화연구회'(1924년 창립)가 흩어져 있던 메이지 시기의 자료들을 수집하여 편찬한 문헌자료집. 1927~1930년 니혼효론샤(日本評論社)에서 24권으로 간행되었다.('구판') 패전 이후 1955년에 황실편 등을 제외한 13권을 복각하고 여기에 자유민권편(속) 등 3권을 추가해 16권으로 간행된 적이 있다. 보통 '신판'이라고 불리는 전집은 1967~1974년 간행된 것으로서 1955년판 16권에 구판 11권을 다시 추가하고 헌정편(속), 별권(메이지 사물 기원)과 보권 3권(維氏美學, 國法汎論, 農工編) 등 5권을 더해 모두 32권으로 구성되어 있다.

37) '이치엔본'(一円本)의 줄임말. 1권에 1엔 하는 염가도서를 가리킨다. 1923년 간토(關東)대지진 이후의 경제불황 속에서 출판계의 침체를 타파하기 위해 1926년 가이조샤(改造社)가 『현대 일본 문학전집』을 간행한 것이 최초이다.

2부 무엇을 어떻게 번역했나

1) 미국의 작가, 출판업자. 팔리는 필명이고 본명은 새뮤얼 굿리치(Samuel G. Goodrich). 1827년 이래 청소년을 대상으로 지리·전기·역사·과학 등을 아우르는 책들을 저술했다.

2) 프랑스의 정치가이자 역사가. 소르본 대학 교수. 7월 왕정(1830~1848) 때 보수적인 입헌왕당파의 지도자이다. 1832~1839년간 문교부 장관을 지내면서 초등교육법을 제정하고 프랑스사 협회를 설립했다. 1840년 외무장관, 1847년에는 수상을 역임하기도 했다. 선거법 개정에 반대하고 1848년

2월 혁명으로 정계를 물러난 후 역사연구에 전념했다. 주요 저서로『유럽 문명사』(3권) 외에『프랑스 문명사』(*Histoire de la Civilisation en France*. 1829~1832, 전5권),『프랑스사』(*L'Histoire de la France, depuis les temps les plus reculés jusqu'en 1789*, 1872~1876, 전5권) 등이 있다.

3) 오시마는 미쓰쿠리 린쇼(箕作麟祥) 문하에서 영학(英學)을 익힌 경제학자. 국내산업의 보호를 강조하여 국가경제회라는 모임을 조직하기도 했다. 주요 저서로『맬서스 인구론 요략』(馬爾丟斯人口論要略),『리씨 경제론』(李氏經濟論, '리씨'란 독일경제학자 리스트를 말함)이 있다.

4) 중국의 정사(正史)인『史記』,『漢書』,『後漢書』,『三國志』,『晉書』,『宋書』,『南齊書』,『梁書』,『陳書』,『魏書』,『北齊書』,『周書』,『隋書』,『南史』,『北史』,『舊唐書』,『新唐書』,『舊五代史』,『新五代史』,『宋史』,『遼史』,『金史』,『元史』,『明史』24부를 가리킨다. 민국(民國) 초기에 완성한『新元史』를 추가해서 '25사'라고도 한다.

5) 중국 문학자이자 평론가. 도쿄대학 지나(支那)문학과 졸업. 대학 재학시절 베이징 여행에서 중국에 매료되어 중국문학 연구를 시작했다. 1934년 중국문학연구회를 결성했다.

6) 중국문학자. 교토 대학 지나(支那)문학과를 졸업했으며 1928~1931년 베이징 대학에서 유학했다. 청대 고증학의 방법론을 문학연구에 원용했으며, 1947~1967년 교토 대학 문학부 교수를 역임했다. 1959년 일본중국학회 이사장으로 교토 대학 중국학의 집대성자라는 평을 듣는다.『전집』25권 (1973~1975).

7) 동양사학자. 교토 대학 사학과 졸업. 나이토 고난(內藤湖南, 1866~1934) 등에게서 동양사를 배웠다. 1932년 동방문화학원 교토연구소(지금의 교토 대학 인문과학연구소) 연구원. 1949~1968년 교토 대학 인문과학 연구소 교수, 동연구소 소장을 역임했다. 저서로『중국의 고대국가』등 고대사 연구 외에『마오쩌둥』,『쑨원과 일본』등 현대사에도 관심을 쏟았다.『저작집』10권(1976~1978). 1949년 일본 최초로 노벨상을 수상한 물리학자 유카와 히데키(1907~1981)는 그의 동생이다.

8) 메이지 초기의 계몽사상가이자 교육자. 호는 게이우(敬宇). 에도 막부의 학문소(學問所) 중의 하나인 쇼헤이자카 학문소(昌平坂學問所)의 교수로서 막부 관료를 역임했다. 1866년 막부의 명령을 받아 영국에서 유학했다. 메이지 유신 뒤에 귀국하여 시즈오카(靜岡) 학문소 교수를 지냈으며, 스마일스(Samuel Smiles, 1812~1904)의 『자조론』(自助論 *Self-Help*, 1859)을 번역한 『서국입지편』(西國立志編, 1871)과 밀(J. S. Mill, 1806~1873)의 『자유론』(*On Liberty*, 1859)을 번역한 『자유지리』(自由之理, 1872)를 간행, 베스트셀러가 됨으로써(『서국입지편』은 총 100만 부 이상 팔림) 자유민권사상을 확산하는 데 기여했다. 1873년 설립된 메이로쿠샤(明六社)의 동인으로 활약했고, 말년에는 도쿄대학 교수와 귀족원 의원이 되었다.

9) 石田雄, 「J. S. ミル『自由論』と中村敬宇および嚴復: 比較思想史的試論」, 『日本近代思想史における法と政治』, 岩波書店, 1976. 이 논문은 이시다의 「三つの自由論: J. S. ミル, 中村敬宇, 嚴復」(『圖書』, 岩波書店, 1975. 8.)을 가필한 것이다.

10) 松澤弘陽, 「『西國立志編』と『自由之理』の世界: 幕末儒學・ビクトリア朝急進主義・'文明開化'」(日本政治學會 編, 『日本における西歐政治思想: 年報政治學 1975年』, 岩波書店, 1976). 이 논문은 마쓰자와의 논문집 『近代日本の形成と西洋經驗』(岩波書店, 1993)에 제4장 「西洋經驗と啓蒙思想の形成」으로 수록되어 있다.

11) 이 책 말미에 첨부한 「사전에서 본 freedom, liberty, right의 번역어」 참조.

12) 게이오 의숙 출신의 정치가. 호는 가쿠도(咢堂). 유빈호치(郵便報知)신문 기자를 거쳐 1882년 오쿠마 시게노부의 입헌개진당 결성에 참여했다. 대동단결운동에서 두각을 나타내다, 1887년 보안조례의 적용을 받아 도쿄에서 추방당한 후 런던에서 유학했다. 1890년 제1회 총선에서 당선된 후 25회나 연속당선되는 기록을 수립했다. 1898년 제1차 오쿠마 내각의 문부대신으로 기용되었으나 '공화(共和) 연설 사건'으로 인해 사임했다. 1900년 이토 히로부미의 입헌정우회 창설에 참여했으며, 도쿄 시장(1903~1912)을 역임했다. 제1차 헌정옹호운동을 선도하면서 정우회에서, 나중에는 헌정회

에서도 이탈하여 독자 노선을 걸었다. 1920년대 중반 보통선거운동에 주력
했고, 후반기 이래 대두한 군부를 비판했다.

13) 아라이 하쿠세키가 에도 막부의 제6대 쇼군 도쿠가와 이에노부(德川家宣)
에게 강의한 내용을 수록한 역사책으로 모두 3권이다. 셋칸(攝關)제도의
성립에서부터 도요토미 히데요시의 천하통일까지의 역사를 14단계로 나누
어 무가정권의 발전을 중심으로 서술하여 에도 막부의 정통성을 주장했다.
독자적인 시대구분을 확립하는 등 일본 역사이론을 선구적으로 저술했다
는 평가를 받는다.

14) 고산넨노 에키(後三年の役)란 일본 고대 헤이안(平安) 시대 후기인 1083〜
1087년 오슈(일본 동북부 지역, 보통 오우〔奧羽〕라고 한다)의 호족 기요하라
(淸原)가 일으킨 반란을 말한다. 진압 후에 교토 조정이 공을 따져 상을 주
지 않자, 미나모토노 요시이에는 사재를 털어 휘하의 무사들을 위로하면서
도코쿠(東國) 지역에 겐지(源氏)의 세력기반을 구축했다.

15) 메이지 시기의 사상가이자 교육자. 사쿠마 쇼잔(佐久間象山)에게 양학과
군사학을 배운 뒤, 1860년 번서조소(蕃書調所, 에도 막부가 1855년에 설립
한 양학〔洋學〕 연구기관 겸 외교문서 번역국)에서 조수로 일하며 독일어를 배
웠다. 서양정치를 연구하여 1868년 『입헌정체략』(立憲政體略)을 저술하여
입헌정치를 일본에 소개했다. 1873년 메이로쿠샤(明六社)의 동인이 되어
계몽운동에 참여했다. 자유민권운동 초기에는 『진정대의』(眞政大意,
1870), 『국체신론』(國體新論, 1874) 등을 통해 천부인권론에 입각한 평등
사상을 강조했으나, 운동의 전개과정에서 사회진화론의 영향을 받으면서
전향, 인권사상의 부정으로 나갔다. 1882년 『인권신설』(人權新說)은 그 전
환점에서 쓴 저작이다. 이후 우승열패(優勝劣敗)의 사회진화론에 입각해
민권론을 공격했으며, 제국대학 총장(1890), 귀족원 의원, 제국학사원 초
대원장(1906) 등을 역임하며 대표적 관학자로 활동했다.

16) 메이지 초기의 계몽사상가. 쓰와노(津和野) 번(지금의 시마네〔島根〕 현) 의
사 집안에서 태어나 의학과 주자학을 익혔으나, 1848년부터 소라이학에 경
도되어 오사카로 유학했다. 페리 내항 당시 에도로 파견된 것을 계기로 정
세의 급박성을 몸소 체험하고 네덜란드어를 익히기 시작했다. 이후 번을 떠

나 양학 연구에 전념했다. 번서조소(1855)의 교관으로 근무하다가, 1862
년 막부 파견 유학생으로서 쓰다 마미치(津田眞道, 1829~1903)와 함께
네덜란드로 유학을 갔다. 라이덴 대학에서 비세링에게 법률·경제·철학을
배웠다. 콩트의 실증주의, J. S. 밀의 공리주의, 칸트의 영구 평화사상으로부
터 많은 영향을 받았다. 1865년 귀국하여 개성소(開成所, 번서조소가 확충
된 종합적 양학 교육기관, 메이지 유신 이후 도쿄대학으로 흡수됨)의 교수가
되었다. 에도 막부의 마지막(제15대) 쇼군인 도쿠가와 요시노부(德川慶喜,
1837~1913)의 정치고문으로도 활약했다. 메이지 유신 이후 병부성(兵部
省)에서 근대 군사제도의 정비를 맡았고, 「군인칙유」(軍人勅諭)를 기초하
는 작업에도 참여했다. 도쿄 학사회원의 초대회원, 귀족원 의원 등을 역임
했다. 근대 유럽의 학문과 사상을 일본에 소개하는 데 힘썼으며, 메이로쿠
샤(明六社)의 동인으로서 계몽활동에 주력했다. 저서로『치지계몽』(致知啓
蒙, 1874),『백일신론』(百一新論, 1874)이 있고, 역서로는『만국공법』(萬國
公法, 1868, 비세링 강의록을 번역한 것) 등이 있다. 자신이 1870년 개설한
사숙(私塾) 육영사(育英舍)에서 행한 특별강연을 책으로 엮은『백학연환』
(百學連環)으로 유명하다. ('백학연환'은 encyclopedia를 번역한 니시 아마네
의 조어.)

17) 1874년 간행된 니시 아마네의 대표작. 저작시기는 네덜란드에서 귀국한 직
후인 1866년경으로 추정된다. 제목은 '백교(百敎)가 일치(一致)됨을 논한
새로운 논설'이라는 뜻이다. 문답식 구어체로 쓰였는데, 그 내용은 모든 윤
리는 '철학'에 의해서 통일된다는 것이다. 법(政)과 윤리(敎)의 구별, 물리
와 심리의 구별을 강조함으로써 주자학적 사유방식을 예리하게 비판했으
며, 오규 소라이의 논리를 계승했다. 말미에서 논한 학문구분론은 나중에
『백학연환』(百學連環)으로 이어진다. '철학'이라는 용어는 이 책에서 니시
가 처음으로 사용한 것이다.

18) 에도 중기 고문사학파의 유학자. 슌다이는 호, 이름은 준(純). 오규 소라이
에게 배웠으며, 특히 경제에 능통했으며 도덕보다 경제를 우선시했다. 저서
로『경제록』(經濟錄),『성학문답』(聖學問答) 등이 있다.

19) 에도 후기의 유학자, 역사가, 시인. 산요는 호, 이름은 노보루(襄). 오사카

출신으로 2세 때 부친을 따라 히로시마(廣島) 번으로 이주하여 주자학을 익히고 18세 때 에도로 가서 경학과 역사를 배웠다. 한시와 역사이론으로 유명하다. 주저인 『일본외사』, 『일본정기』 등은 막부 말기에 존왕양이파 무사들에게 애독되어 많은 영향을 끼쳤다. 오사카에서 반(反)막부 봉기를 주도한 양명학자 오시오 헤이하치로(大塩平八郎, 1793~1837)와도 친분이 있었다.

20) 회덕당은 1724년 오사카 지역의 조닌들이 지원하여 설립한 서민교육기관. 막부에 의해 준관학(準官學)으로 대우받으면서 비약적으로 발전했으나, 메이지 유신 직후인 1869년에 폐교되었다. 도미나가의 『출정후어』는 에도 중기의 불교사상사론으로 1745년 오사카에서 2권으로 간행되었다. 불교경전을 석가의 말이라고 믿어 의심치 않았던 당시에, 그 경전들이 불교사상의 역사적인 발전에 의해서 성립된 것임을 논증한 책이다. '출정'이란 '선정(禪定, 종교적 명상)을 마치고 나온다'(禪은 산스크리트어 dhyāna의 음차이고 定은 그 한자역)는 뜻의 불교용어로서 반대말은 '입정'(入定)이다. 도미나가가 제목을 '출정후어'라고 붙인 것은, 석가가 입정(入定)하고 있을 때 오백 나한(羅漢)이 석가의 말을 제각각 해석했는데, 출정(出定)한 뒤의 석가가 이를 두고 "내가 말한 뜻은 아니지만 이치에는 맞는다"고 했다는 『화엄경 탐현기』(華嚴經探玄記)의 설에 착안해서, 자신을 출정후의 석가에 비유하여 불교사상을 논했기 때문이다. 이 책은 사상의 입론(立論) 심리를 분석한 독창적인 사상발달사론으로서, 불교사상은 불교도가 석가의 이름을 빌려 자기 학설을 과시하면서, 이전의 학설 '위에 보태어'(加上) 순차적으로 발전시킨 것이므로 대승불교는 석가의 설이 아니라고 주장한다. 여기서 '가상'(加上)은 사상 발달의 원리가 된다. 도미나가는 사상의 입론을 규제하는 세 가지 조건이 人(학파), 世(시대), 類(언어의 용법)라는 주장도 펼쳤으며, 인도·중국·일본의 민족성을 각각 '幻·文·絞'라고 유형화시키는 비교사적 시각을 제시하기도 했다. 『출정후어』의 논지가 '불교 배척'이라고 오해한 불교 측으로부터 반발을 사기도 했다. 그러나 그의 주장은 핫토리 소몬(服部蘇門, 1724~1769)의 대승불교 비판서인 『적나라』(赤倮倮)로 계승되었으며, 모토오리 노리나가가 『다마카쓰마』(玉勝間)에서 절찬함으로써 에도 후기

국학자들의 주목을 받았다. 대표적인 사례는 노리나가의 제자 히라타 아쓰타네(平田篤胤, 1776~1843)가 저술한 『출정소어』(出定笑語)인데, 제목에서도 알 수 있듯이 도미나가와 핫토리의 주장에 근거해서 불교를 격렬히 비판하고 있다. 그리고 도미나가는 메이지 시기에 '재발견'된다. 곧 일본 동양사학의 태두 나이토 고난(內藤湖南, 1866~1934)이 『출정후어』의 영향을 받아 '가상설'을 중국고대사 연구에서 원전에 대한 텍스트 분석의 방법론으로 적용했으며 그를 통해 중국 철학자 다케우치 요시오(武內義雄, 1886~1966)에게도 영향을 끼침으로써 일본 '중국학'(당시 표현으로 支那學)의 성립으로 연결되었던 것이다. 근대 일본에서 도미나가의 '재발견'에 대해서는 子安宣邦,「近代知と中國認識: '支那學'の成立をめぐって」(『近代知のアルケオロジー: 國家と戰爭と知識人』, 岩波書店, 1996) 참조.

21) 가부키나 영화를 통해 '추신구라'(忠臣藏)나 '47인의 사무라이'(실제로는 46인)로 잘 알려져 있는 사건. 1701년(元祿 14) 3월 에도 성에서 일어난 아코 번(지금의 효고〔兵庫〕현) 번주 아사노 나가노리(淺野長矩)와 막부 관료 기라 요시나카(吉良義央)간의 칼부림 사건 때문에 번주 아사노가 할복 처분을 당하자, 막부의 조치가 편파적이라고 생각한 오이시 요시오(大石良雄) 등의 가신(家臣)들이 1702년 12월 기라를 습격하여 살해하고 그의 목을 주군(主君) 아사노의 묘에 바친 사건이다. 이들은 결국 막부법을 위반했다는 이유로 전원 할복 명령을 받는데, 이 사건은 당시 막부와 번의 이중적 주종 관계 아래 놓여 있던 사무라이에게 충성 또는 의(義)란 무엇인가를 놓고 광범위한 논쟁을 불러일으켰으며, 사건의 극적인 성격으로 말미암아 대중문예의 소재로도 각광을 받았다. 대표적인 작품으로 『가나데혼 주신구라』(仮名手本忠臣藏)가 있다.

22) 사상가. 바이간은 호, 이름은 興長. 이른바 세키몬 심학(石門心學)의 창시자. 심학이란 유교·불교·도교·신도(神道)를 흡수해 일상생활 속에서 도덕의 실천을 설파한 서민 교학으로서, 상업과 상인을 멸시하는 풍조 속에서 상행위의 정당성과 존재 이유를 강조했기 때문에 특히 상공업자인 조닌(町人) 층의 지지를 받았다. 주요 저서로는 『도비문답』(都鄙問答), 『제가론』(齊家論) 등이 있다.

23) 海老澤有道,『日本の聖書: 聖書和譯の歷史』, 講談社學術文庫, 1989. 에비사와에게는 일본의 찬송가 수용을 다룬 연구도 있다.(『洋樂傳來史: キリシタン時代から幕末まで』, 日本基督敎團出版局, 1983)

24) 아동문학가이자 메이지 문화사 연구자. 1889년 소년잡지『소국민』(小國民)의 편집을 담당한 이래 아동을 대상으로 한 전기물, 과학문고 등을 집필·편집했다. 1908년 메이지 시기의 문화·기술사를 종합한『메이지 사물 기원』(明治事物起源)을 집필했고, 1924년 요시노 사쿠조(吉野作造), 오사타케 다케키(尾佐竹猛)와 함께 '메이지 문화연구회'를 결성,『메이지 문화전집』을 편찬하는 등 사료 수집에도 기여했다.

25) 메이지 유신기의 정치가. 자(字)는 신페이, 호는 난파쿠(南白), 이름은 타네오(胤雄). 히젠(肥前) 번 출신. 16세 때 번교(藩校)인 홍도관(弘道館)에서 학문을 익히면서 존황론(尊皇論)에 경도되어 막부 말기의 존황양이운동에 참여했다. 1856년『도해책』(圖海策)을 써 개국론을 폈다. 번으로부터 영구 칩거명령을 받았으나 왕정복고를 계기로 활동을 재개했다. 신정부군이 접수한 에도 지역을 지배하는 데 두각을 나타냈다. 이와쿠라 도모미(岩倉具視)에게 에도로 천도할 것을 건의해 성사시켰다. 메이지 정부 초기에 재정과 관제개혁 등을 담당했고, 1872년 사법경(司法卿)에 취임하여 사법제도의 정비를 추진했으며, 그 과정에서 민법 편찬에도 관여했다. 1873년 정한(征韓)논쟁에서 패하여 사이고 다카모리(西鄕隆盛) 등과 함께 하야한 뒤, 민선의원 설립운동에 참여하다가 낙향한 직후 사족반란의 지도자로 추대되어 사가(佐賀) 정한당(征韓黨)을 이끌고 메이지 정부군과 싸웠으나 패배했다. 이른바 '사가의 난'으로 1877년 사이고의 세이난(西南) 전쟁까지 이어지는 사족민권운동의 효시였다. 메이지 정부의 일벌백계 방침에 따라 당시의 현행법규가 무시된 채 참수형에 처해졌다.

26) 石田雄,「西歐政治諸觀念の攝取とその特質: '自由'と'權利'を中心に」,『日本近代思想史における法と政治』, 岩波書店, 1976, p. 97.

27) 메이지 초기의 사상가. 자유민권운동의 지도자. 도사(土佐) 번 출신. 번교(藩校)인 치도관(致道館)에서 배운 뒤, 1874년 이타가키 다이스케(板垣退助)의 연설을 듣고 정치에 눈뜬다. 이듬해 상경하여 메이로쿠샤 연설회, 게

이오 의숙 미타(三田)연설회, 그리스도교 교회 설교 등을 청강하며 독학으로 서양근대사를 공부했다. 1876년 『유빈호치 신문』에 쓴 「인간을 원숭이로 만드는 정부」(猿人政府)로 인해 2개월간 투옥된 뒤 자유민권운동에 투신, 국회 설치를 요구하는 「입지사 건백서」(立志社建白書, 1877)를 기초하고, 애국사(愛國社) 기관지 『애국지림』(愛國志林)을 편집했으며 자유당(自由黨) 창립에 참가했다. 1881년 민간헌법 초안 중 가장 민주주의적이라고 평가되는 「일본국 국헌안」(日本國國憲按)을 기초한 것으로 유명하다. 저서로 『민권자유론』(民權自由論), 『무상정법론』(無上政法論), 『천부인권변』(天賦人權弁) 등이 있다.

28) 메이지 시기의 교육자. 막부의 번서조소에서 양학을 익히고 영·미로 유학했다. 귀국 후 개성학교(開成學校), 도쿄대학 교수를 맡았고 도쿄대학 총장을 지내기도 했다. 1898년 제3차 이토 히로부미 내각의 문부대신을 역임했다. 강단에서 스펜서의 사회학을 강의했으며, 사회진화론적인 입장에서 로마자 채용론을 제창, 로마자회를 창립했다. 연극개량운동을 후원하는 등 계몽적 문화운동에도 큰 영향을 미쳤다.

29) 영국의 대표적 시사 주간지 『이코노미스트』(*The Economist*, 1843년 창간)의 편집장을 지낸 저널리스트이자 경제학자. 배젓 저작의 번역으로는 江口三省 譯, 『改進政理論』(1882); 高橋達郎 譯, 『英國憲法論』(1883); 小池靖一 譯, 『英國金融事情』(1883); 竹越與三郎·岡本彦八 譯, 『英國憲法之眞相』(1887) 등이 있다.

30) 메이지 시기의 정치가이자 관료. 후쿠오카(福岡) 번 출신으로 1871년 미국에서 유학했다. 원로원의 서기관으로서 이토 히로부미에게 발탁되어 이노우에 고와시(井上毅), 이토 미요지(伊東巳代治, 1857~1934)와 함께 메이지 헌법(대일본제국헌법) 제정의 조사, 기초 작업의 중심인물로 활동했다. 제3, 4차 이토 내각 때 농상무상, 법무상, 그리고 유신사료편찬회(維新史料編纂會) 총재 등을 역임했다.

31) 스위스 출신의 독일 법학자 블룬칠리(Johann Caspar Bluntschli, 1808~1881)의 『일반국가법』(*Allgemeines Staatsrecht*, 1852) 제4판(1868)을 번역한 책이다. 1872~1874년 문부성에서 간행했다. 가토의 번역서로는

이 밖에도 『西洋各國立憲政體起立史』(비더만), 『西洋各國盛衰强弱一覽表』
(M. 블로크)가 있다. 블룬칠리의 대표적 저작은 『근대전쟁법』(*Das
moderne Kriegsrecht*, 1866), 『근대국제법』(*Das moderne Volkerrecht
als Richtsbuch*, 1868), 『근대국가론』(*Lehre vom modernen Staat*, 1875
~1876) 등인데 그 대부분이 일본어로 번역되었다. 블룬칠리 저작의 번역
으로는 『국법범론』 외에 杉亨二 譯, 『國政黨派論』(1877); 武者小路實世 譯,
『國會議員選擧論』(1879); 石津可輔 譯, 『國會汎論』(1880); 岸田吟香 訓點,
『漢譯 公法會通』(1881); 平田東助 譯, 『國家論』(1881); 玉田隆一郎 譯, 『黨
派總論』(1882); 中根重一 譯, 『政治學』(1882); 獨逸學協會 編譯, 『自治論
纂』(1888); 平田東助 譯, 『國法汎論』(1888); 平田東助・平塚定二郎 共譯,
『國家論』(1889); 飯山正秀 譯, 『獨逸法律政治論纂』; 山脇玄・飯山正秀 共譯,
『萬國公法戰爭條規』 등이 있다.

32) 프린스턴과 펜실베이니아 의대 출신의 미국 장로교 선교사. 일본에서는 보
통 헤본(平文)으로 발음한다. 한때 중국의 아모이(厦門)에서 선교활동을 하
다가 1859년 일본으로 파견되어 요코하마(橫浜)에 병원을 열고 의료에 종
사하는 한편 성경 번역과 교육에 힘을 쏟았다. 중국 선교사 매카티(D. B.
McCartee)가 쓴 『진리이지』(眞理易知)에 후리가나(振り仮名)를 달아 전도
서로 간행했으며(1867), 같은 해에 일본 최초의 일영사전인 『화영어림집
성』(和英語林集成)을 펴낸 것으로 유명하다. 신약 공동역 위원(1874~
1880), 구약 공동역 위원장(1882~1887)을 맡아 일본어 성경 번역을 완성
했다. 부인이 경영한 헵번숙(塾)은 지금의 메이지 가쿠인(明治學院) 대학과
펠리스 여학원의 전신이다. 헵번은 메이지 가쿠인의 초대 총리(總理)를 역
임한(1889~1891) 적도 있다. 『화영어림집성』(영문 서명은 *A Japanese
and English Dictionary with an English and Japanese Index*)은
1872년에 제2판을 내면서 제1판의 색인 부분을 합쳐서 일영·영일사전으
로 바뀌었고, 1886년의 제3판도 대폭 개정증보되어 이른바 '문명개화'(文
明開化) 시기의 언어상황을 충실히 반영하고 있다.(제3판까지 증보된 단어
가 무려 1만 자이고 대부분은 한어 조어이다.) 현재 '헵번식' 로마자 표기로 알
려져 있는 것은 제3판에서 헵번이 일본 로마자회(羅馬字會)의 표기방식을

수용한 것이다. 『화영어림집성』이란 서명은 헵번의 일본어 교사이자 제1판 편찬에 협력한 일본 신문업계의 선구적 인물 기시다 긴코(岸田吟香, 1833 ~1905)가 붙였다.(제2판은 오쿠노 마사쓰나[奧野昌綱], 제3판은 다카하시 고로[高橋五郎]가 협력했다.) 참고로 유명한 영화배우 캐서린 헵번(Katharin Hepburn, 1909~)은 그의 손녀이다.

3부 만국공법의 이모저모

1) 니시와 쓰다가 비세링으로부터 받은 강의는 자연법(Natuurregt), 국제법(Volkenregt), 국가법(Staatsregt), 경제학(Staatshuishoudekunde), 통계학(Statistiek)이었는데, 막부는 이 가운데 자연법을 니시에게 번역시켰다. 니시는 『성법설약』(性法說約)이란 제목으로 번역했으나 원고가 분실되는 바람에 친구인 간다 다카히라(神田孝平, 1830~1898)가 대신 번역하여 1871년에 간행된 것이 이 책이다. 서구 자연법 사상에 근거해 권리 개념을 개괄한 일본 최초의 번역이다. 번역자 간다는 난학자로서 1862년 번서조소의 교수를 역임했다. 메이지 유신 이후 관료로서 메이로쿠샤에도 참여했으며, 특히 지조개정(地租改正)의 필요성을 적극 건의한 인물이다.

2) 1873년 미쓰쿠리 린쇼(箕作麟祥)가, 예일 대학 총장을 역임한 미국 학자 울시 (Theodore Woolsey, 1801~ 1889)의 『국제법 연구입문』 (*Introduction of the Study of International Law*, 1860)을 번역하면서 '국제법'이란 말을 사용했다(『國際法, 一名萬國公法』). 이후로는 '만국공법' 대신에 '국제법'이라는 용어가 일반화된다. 1881년(메이지 14) 도쿄제국대학에 '국제법'이라는 과목이 개설된 것이 그 상징이다.

   한역 『만국공법』은 '한국 근대 법제사료 총서'의 제1권으로 아세아문화사에서 1981년 영인되었다.(1864＝同治 3년 京都 崇實館판) 책의 전체 목차 등은 김효전, 『서양 헌법 이론의 초기 수용』, 철학과현실사, 1996, pp. 491 ~94 참조. 또 마틴과 『만국공법』 등의 번역서에 관해서는 김효전, 「W. A. P. 마틴의 漢譯 국제법 책과 동아시아」, 『동아논총』 35, 1998(『근대 한국의 국가사상』, 철학과현실사, 2000에 수록) 참조.

3) 1868년 5월 우류 하지무(瓜生寅, 1842~1913)가 한역본이 아니라 휘턴의

원저를 저본으로 해서 일역본을 간행했는데, 그 서명이 『교도기원』(交道起源, 일명 萬國公法全書)으로 교토 竹苞樓 발행이다. 완역이 아니고 원저의 Part I Chapter I(Definition and Sources of International Law)만 번역했다. 사법관 출신의 역사가인 오사타케 다케키(尾佐竹猛, 1880~1946)는 우류가 international law를 '交道'로 번역한 데에 주목해서, 『교도기원』의 서문을 인용하여 만국공법이 「5개조 서문」에 미친 영향을 지적한 바 있다. 尾佐竹猛, 『近世日本の國際觀念の發達』, 共立社, 1932, pp. 40~41 참조.

4) 영어 원문은 다음과 같다. "The collection of rules for determining the conflicts between the civil and criminal laws of different States, is called private international law, to distinguish it from public international laws, which regulates the relations of States," in: Henry Wheaton, *Elements of International Law*, ed. with notes by George G. Wilson. Oxford: Clarendon Press, 1936, p. 111. 『만국공법』 제8판은 Richard H. Dana, Jr.가 편집한 것인데(Boston: Little, Brown and Company, 1866), 여기서의 원문 인용은 Dana의 제8판을 저본으로 해서 George Wilson이 편집한 것(The Classics of International Law, Vol. 19)을 이용했다.

5) 영어 원문에서 관련 부분은 다음과 같다. "Wherever…… the contract is to be executed in another country, every thing which concerns its execution is to be determined by the law of that country. Those writers who affirm that this exception extends to every thing respecting the nature, the validity, and the interpretation of the contract, appear to have erred, in supposing that the authorities are at variance on this question. They will be found, on a critical examination, to establish <u>the distinction between what relates to the validity and interpretation, and what relates to the execution, of the contract</u>. By the usage of nations, the former is to be determined by the lex loci contractus, the latter by the law of the

place where it is to be carried into execution," *Elements of International Law*, pp. 127~28.(밑줄은 옮긴이가 친 것으로 이하 같음)

6) "The world being composed of distinct sovereignties, possessing equal rights and equal independence, whose mutual benefit is promoted by intercourse with each other, and by an interchange of those good offices which <u>humanity dictates</u> and its wants require, all sovereigns have consented to a <u>relaxation in practice</u>, under certain peculiar circumstances, of that absolute and complete jurisdiction, within their respective territories, which sovereign confers," *Elements of International Law*, p. 130.

7) 世間(세켄)이란 세상(世の中), 사회, 인생, 교제(交際) 범위 등을 뜻하는 복합적인 용어다. 여기서는 세상, 사회(society)의 뜻으로 쓰였다.

일본에서 Society가 사회라는 번역어로 정착되는 과정은 복잡했다. 18세기 말 이래 간행된 사전에 나오는 용례를 도표로 만들면 다음과 같다.

출판연도	사전명	society 등의 번역어	비 고
1796	波留麻和解	交ル, 集ル	네덜란드어 genootschap
1814	諳厄利亞語林大成	侶伴, ソウバン	
1847	英華字典	會, 社會	
1855	和蘭字彙	寄合又集會	genootschap
1862	英和對譯袖珍辭書	仲間, 交リ, 一到	
1864	佛語明要	仲間, 懇, 交リ	société
1867	和英語林集成	nakama, kumi, renchiu, schachiu	
1873	附音挿圖英和字彙	會(ナカマ), 社會(クミアイ), 連衆, 交際, 合同(イッチ), 社友(シャチユウ)	

* 柳父章, 『飜譯語成立事情』, 岩波新書, 1982, pp. 4~5, 14 참조.

한편으로 후쿠자와 유키치는 『서양사정』(1868)에서 society를 交際, 人間交際, 交國, 世人 등으로 번역하였으며, 나카무라 마사나오는 『자유지리』에서 政府, 仲間連中(即チ政府), 世谷, 仲間, 人民ノ社會(即チ政府ヲ言フ), 仲間社會(即チ政府), 社會, 總體人 등으로 번역하고 있다. 1874년 『메이로쿠 잡지』(明六雜誌) 2호에서 니시 아마네가 메이로쿠샤(明六社)식의 모임을 가리켜 '社會'라는 말

을 썼으나, 지금과 같은 의미의 '사회'로 일반화되는 것은 후쿠자와의 『학문을 권함』(1872~1876) 이후이다. 후쿠자와는 社會를 개념적 용어로서 긍정적으로 사용한 반면, 世間은 구체적(일상적) 용어로서 부정적 뉘앙스로 사용했다.(柳父章, 위의 책, pp. 7~19).

　'사회'가 정착된 이후 공적인 무대에서 '世間'은 사라지게 된다. 최근 이 용어를 하버마스(Habermas)가 말하는 '공공영역'의 일본적 유형으로 개념화하여, 사적 생활영역에 기초한 개인의 확립을 주장하는 견해도 있다. 阿部謹也, 『'世間'とは何か』, 講談社現代新書, 1995 참조.

8) 한역 『만국공법』의 주역인 마틴은 1869년 중국 해관(海關) 총세무사인 하트(Robert Hart)의 권고에 의해 청조의 외국어 학교인 베이징 동문관(同文館, 1862년 창립, 경사대학당〔京師大學堂, 1898〕의 전신)의 학장으로 취임한 뒤, 총리아문의 허가를 얻어 동문관 교사와 외국어 실력이 뛰어난 학생들을 모아 일종의 번역과를 만들고 1888년까지 서양의 국제법, 역사, 자연과학 문헌 등 20여 종의 번역서를 냈다. 마틴 연구자인 코벨(Ralph Covell)은 동문관 시기의 번역방식을 소개하고 있는데, 그에 따르면 번역은 ①우선 마틴 등 외국인 교사가 원작의 대략적인 번역을 중국인 협력자에게 구두로 말해 주면 ②중국인이 그것을 적합한 중국어로 바꾸고 ③이 번역문을 외국인이 원작과 비교하여 그 타당성을 검토한 후 ④최종적으로 중국인 협력자가 문장을 다시 손질하여 완성하는 방식이었다고 한다.(Ralph Covell, *W. A. P. Martin, Pioneer of Progress in China*, Christian University Press, 1978). 이로 미루어 볼 때 『만국공법』의 번역 역시 마찬가지의 방식이 아니었겠는가 하는 지적이 있다.(ジャニン・ジャン〔張嘉寧〕, 「『萬國公法』成立事情と飜譯問題: その中國語譯と和譯をめぐって」, 加藤周一・丸山眞男 校注, 『飜譯の思想』, 岩波書店, 1991, p. 388).

9) 네덜란드의 법학자. 『전쟁과 평화의 법』(*De Jure Belli ac Pacis*, 1625)을 저술하여 근대 국제법의 기초를 확립했다.

10) 야담에 인간미 넘치는 훌륭한 재판의 전형으로 자주 등장하는 에도 중기의 명재판관 오오카 에치젠노 가미(大岡越前守), 곧 오오카 다다스케(大岡忠相, 1677~1751)식 재판을 일컫는 말. 보통 오오카사바키(大岡裁き)라고

한다. 오오카는 에도 막부의 제8대 쇼군 도쿠가와 요시무네(德川吉宗) 때인 1717년 에도 마치부교(町奉行, 사법·행정을 담당한 직명)에 임명된 뒤 이례적인 초고속 승진을 거듭하며 서민생활을 안정시키는 각종 시책을 폈다. 에도 시대의 가장 성공적 정책 가운데 하나로 평가되는 겐몬(元文, 1736~1741년의 연호) 화폐개주(改鑄) 정책은 오오카 등이 쇼군의 반대에도 불구하고 추진하여 물가안정의 효과를 거둔 대표적 사례이다. 빈민 구제 시설인 고이시카와 양생소(小石川養生所) 설치, 빈번했던 에도의 화재에 신속히 대처하기 위한 소방대(いろは四七組) 설립 등도 그의 업적으로 꼽힌다. 오오카 사후인 호레키(寶曆, 1751~1764)연간부터 그를 주인공으로 한 소설·희곡·가부키 등 각종 대중연예물이 만들어져 그를 명재판관으로 부각시켰다. 이 작품들을 총칭해서 '오오카세이단'(大岡政談)이라고 한다. 그가 당시의 법률을 가능한 한 현실에 가깝게 운용하고자 애썼던 것은 사실이지만, '오오카세이단'과 같은 권선징악의 영웅적 이미지는 정치가에 대한 서민들의 희망이 투영된 허상이라고 할 수 있다.

11) 고토 모토쓰구(後藤基次)라고도 한다. 원래 도요토미 히데요시 휘하의 구로다 나가마사(黑田長政, 1568~1623)를 섬기면서 도요토미의 규슈(九州) 정벌과 임진왜란 등에서 전공을 세웠고, 1600년 세키가하라(關ヶ原) 전투에서도 구로다 군의 선봉을 맡아 도쿠가와 이에야스 진영과 격돌했다. 1606년 구로다와의 불화로 도쿠가와 편의 이케다 테루마사(池田輝政, 1564~1613) 휘하에 들어갔으나 구로다의 공작에 의해 쫓겨나 로닌(浪人)으로서 오사카에 은거하게 된다. 구로다의 끈질긴 추적 끝에 아들이 생포당할 위기에 처했을 때, 히데요시의 아들 히데요리(秀賴)가 소문을 듣고 아들을 구해 주었기 때문에 보은(報恩)을 위해 히데요리를 주군으로 섬기게 된다. 이후 도쿠가와 이에야스가 천하통일을 완성하게 되는 두 차례의 오사카 성 전투(1614~1615) 때 히데요리 편에서 오사카 성 농성에 참가, 결국 다테 마사무네(伊達政宗) 군과의 전투에서 전사했다.

12) "The <u>assent of the local sovereign</u> to the very important and extensive exemptions from territorial jurisdiction which are admitted to attach to foreign ministers, is implied from the

consideration, that, without such exemptions, <u>every sovereign would hazard his own dignity</u> by employing a public minister abroad. His minister would owe temporary and local allegiance to a foreign prince, and would be less competent to the objects of his mission. A sovereign committing the interests of his nation with a foreign power to the care of a person whom he has selected for that purpose, cannot intend to subject his minister in any degree to that power; and, therefore, a consent to receive him implies a consent that he shall possess those privileges which are <u>essential to the dignity of his sovereign</u>, and to the duties he is bound to perform," *Elements of International Law*, p. 131.

13) 에도 시대에 도쿠가와 직계의 고산케(御三家) 중 하나인 미토(水戶) 번이 『대일본사』(大日本史, 1657~1906)를 편찬하는 과정에서 형성된 학풍. 『대일본사』는 진무(神武) 천황부터 15세기 초까지의 일본 역사를 주자학적 명분론에 입각해서 기전체로 서술한 역사서로서 에도 말기의 존왕론에 큰 영향을 미쳤다. 주자학을 중심으로 국학과 신도(神道)를 종합한 미토학은 전기와 후기로 구분된다. 전기는 제2대 번주 도쿠가와 미쓰쿠니(德川光圀, 1628~1700)가 에도의 저택에 사국(史局)을 설치하고 『대일본사』 편찬을 개시, 주자학적 역사관에 입각해 본기·열전·논찬을 집필한 시기이다. '미토학'이라고 할 때 일반적으로 가리키는 18세기 말 이래의 '후기 미토학'은 전기에 비해 현실정치적 지향성이 특징적인데 후지타 유코쿠(藤田幽谷, 1774~1826)가 기초를 마련하고 제자 아이자와 세이시사이(會澤正志齋, 1781~1863)와 아들 후지타 도코(藤田東湖, 1806~1855)에 의해서 계승·발전되었다. 후지타 유코쿠는 『권농혹문』(勸農或問, 1809)이라는 농정서로도 유명하지만 『정명론』(正名論, 1801)을 통해서 명분론적 존왕사상의 이론적 근거를 제시함으로써 미토학의 출발점을 마련했다. 이를 계승한 아이자와는 『신론』(新論, 1825)에서 국가적 통일을 위한 정치개혁과 군비강화, 이를 위한 민심 수습의 중요성을 강조하는 가운데 신도에 입각한 '국체'(國體) 관념을 제기하고 '존왕'과 '양이'를 결합시키는 논리를 제시함으로

써, 막부 말기 존왕양이론의 확산에 결정적인 역할을 했다. 여기에는 번교(藩校) 홍도관(弘道館)을 설립하고 번 정치개혁을 추진했던 제9대 번주 도쿠가와 나리아키(德川齊昭, 1800~1860)의 정책적 지원도 큰 역할을 했다. 후지타 도코는 『홍도관기 술의』(弘道館記述義, 1848년경)를 저술, '충군애국'(忠君愛國)의 도덕론을 강조하여 아이자와의 정치론을 보강하는 한편, 존왕양이파 지사 하시모토 사나이(橋本左內, 1834~1859), 사이고 다카모리(西鄕隆盛) 등과도 활발하게 교류했다. 요컨대 미토학은 천황의 전통적 권위를 배경삼아 막부를 중심으로 국가체제를 강화시킴으로써 대외적 위기에 대응하고자 한 것이었다. 그러나 개국 이후 이들의 본래 의도와는 달리 존왕양이운동은 반(反)막부적 성격을 강화하게 된다. 미토학은 근대 일본의 국가주의 사상에도 중요한 원천으로 기능했다.

14) 헌법학자. 도쿄대학 졸업 후 독일 유학을 거쳐 1902년부터 1934년까지 도쿄대학 법학부 교수를 역임했다. 호즈미 야쓰카(穗積八束) 등 종래의 군권(君權) 절대주의적 헌법론과 달리 국가법인설적 입장에서 '천황기관설'을 제창, 의회중심주의와 정당정치의 이론적 근거를 제공함으로써 이른바 '다이쇼 민주주의'(大正デモクラシー)의 이론적 지도자로 불린다. 1932년 귀족원 의원이 되지만, 만주사변 이후 파시즘의 진전과정에서 1935년 천황기관설 문제로 의원직을 사임한 뒤 행정법 연구에 전념했다. 패전 이후 헌법조사위원회의 고문으로 헌법개정에 반대했다.

15) 헌법학자이자 다이쇼(大正) 중기의 대표적인 우익 사상가. 도쿄대학 졸업 후 독일 유학을 거쳐 1912년 호즈미 야쓰카(穗積八束)의 후임으로 도쿄대학 법학부 교수가 되었다. 군권(君權) 절대주의 입장에서 미노베 다쓰키치와 논쟁을 벌였으며 건국회(建國會) 등 우익단체에서 지도자 역할을 했다.

16) 법학자. 일본 최초의 법학박사인 호즈미 노부시게(穗積陳重, 1856~1926)의 동생이다. 도쿄대학 졸업 후 독일 유학(베를린, 하이델베르크 대학 등)을 거쳐 1888년 이후 도쿄대학 법학부 교수로서 헌법을 가르쳤다. 1899년 귀족원 의원이 되었으며, 궁중(宮中)과 제실(帝室)제도조사국의 고문, 국정교과서 조사위원 등을 역임했다. 형인 노부시게가 영국 법학의 영향을 받은 것과 달리 독일 국법학(國法學)의 영향을 받아 군권(君權) 절대주의의 학설

을 주장했다. '민법전(民法典) 논쟁'에서 시행 반대론의 중심인물이었으며, 제자인 우에스기 신키치(上杉愼吉)와 함께 미노베 다쓰키치의 '천황기관설'에 대항하여 신권(神權)적인 '천황주권설'을 제창한 것으로 유명하다. 저서로는 『헌법대의』(憲法大意), 『헌법제요』(憲法提要) 등이 있다.

17) "From the commencement of the French revolution to the breaking out of the war between the two countries in 1812, hardly a year elapsed without loud complaint and earnest remonstrance. A deep feeling of opposition to the right claimed, and to the practice exercised under it, and <u>not unfrequently exercised without the least regard to what justice and humanity would have dictated</u>, even if the right itself had been admitted, took possession of the public mind of America; ··· England asserted the right of impressing British subjects. ··· The law relied on was English law; the obligations insisted on were <u>obligations between the crown of England and its subjects</u>," *Elements of International Law*, p. 144.

18) 휘턴의 원문에는 '문명국가'가 아니라 '전 인류'라고 되어 있다.("Pirates being the common enemies of all mankind, and···," *Elements of International Law*, p. 162.)

19) "Nor can the denomination of a State be properly applied to voluntary associations of robbers or pirates," *Elements of International Law*, p. 26.

20) 휘턴 원저의 Part II, Chapter III의 제목은 'Rights of Equality'이다. '平行之權'에 해당한다. Chapter III의 Section 1(§1)은 Natural equality of States modified by compact or usage. 마루야마는 섹션의 내용을 제목처럼 말하고 있다. "The natural equality of sovereign States may be modified by positive compact······," *Elements of International Law*, p. 195.

4부 사회·문화에 끼친 영향

1) 에도 후기부터 메이지 초기까지 성행한 통속소설. 조닌(町人)들의 생활, 특히 연애를 주제로 한 부녀자 대상의 소설이다. 19세기 초에 형성되어 1830~1840년대에 전성기를 구가했다. 풍기문란을 막는다는 명목으로 도쿠가와 막부가 탄압함으로써 잦아들긴 했지만, 메이지 시기의 연애소설에 결정적인 영향을 미쳤다. 대표적 작품인 다메나가 슌스이(爲永春水, 1790~1843)의 『슌쇼쿠우메고요미』(春色梅兒譽美, 1832~1833년 간행)는 호색한의 대명사로 불리게 되는 주인공 단지로(丹次郞)와 세 여인 사이의 얽히고 설킨 농염한 연애 행각을 담고 있다.

2) 에도 시대 대중소설의 일종인 요미혼(讀本)의 대표작. 원제는 난소사토미 핫켄덴(南總里見八犬傳). 다키자와 바킨(瀧澤馬琴, 1767~1848, 교쿠테이 바킨〔曲亭馬琴〕이라고도 함)이 1814~1842년에 걸쳐 간행한 모두 9집(輯) 98권 106책의 방대한 전기(傳奇)소설이다. 줄거리는 센고쿠(戰國) 시대를 배경으로 무장 사토미 요시미(里見義實)의 딸 후세히메(伏姬)와 맹견(猛犬) 야쓰후사(八房) 사이에서 생겨난 8명의 용사 사토미 핫켄시(里見八犬士：犬江親兵衛仁·犬川莊助義任·犬村大角禮儀·犬坂毛野胤智·犬山道節忠與·犬飼現八信道·犬塚信乃戌孝·犬田小文吾悌順)가 천신만고의 무용담 끝에 몰락한 사토미 가문을 다시 일으킨다는 내용이다. 핫켄시가 각각 仁·義·禮·智·忠·信·孝·悌의 구슬이 변신한 것이라는 설정(이름에도 반영됨)에서도 알 수 있듯이 유교적인 권선징악 사상에 입각해 있다. 이름만 구전되어 오던 핫켄시를, 『수호전』(水滸傳)에서 틀을 빌리고 『里見記』, 『里見軍記』, 『房總治亂記』, 『甲陽軍鑑』, 『本朝三國志』 등을 참조하여 이야기화한 작품이다. 다키자와는 집필하던 중인 1841년 실명하게 되는데, 미망인 며느리 미치(路)에게 구술(口述)하여 작품을 완성시켰다. 요미혼 중 유명한 작품으로는 이 밖에도 모토오리 노리나가의 논적(論敵)이었던 국학자 우에다 아키나리(上田秋成, 1734~1809)가 쓴 『우게쓰 모노가타리』(雨月物語, 1953년 미조구치 겐지〔溝口健二〕 감독에 의해 영화화되어 베니스 영화제 은사자상을 수상했다), 산토 교덴(山東京傳, 1761~1816)의 『무카시가타리 이나즈마 뵤시』(昔話稻妻表紙)가 있다.

일본에 탐정소설을 정착시킨 작가 구로이와 루이코(黑岩淚香, 1862~1920)는 『철가면』(鐵假面), 『암굴왕』(巖窟王), 『아, 무정』(噫無情) 등의 번안소설로 유명한데, 그가 창간한 일간지 『요로즈초호』(萬朝報, 1892~1940)에 알렉상드르 뒤마의 『몽테크리스토 백작』을 번안한 『암굴왕』의 연재를 예고하는 글(1901.3.13)에서 "이것은 실로 프랑스의 핫켄덴, 수호전일 뿐 아니라 세계의 핫켄덴, 수호전의 지위를 점하는 작품이다"라고 평했다.

3) 스코틀랜드의 소설가, 역사가, 전기작가. 역사소설의 창시자로 불린다. 1814년 이래의 '웨이벌리'(Waverly) 시리즈는 스코틀랜드의 자코뱅파를 주제로 한 역사소설이다. 가장 잘 알려진 작품으로 12세기 잉글랜드를 무대로 한 역사소설 『아이반호』(*Ivanhoe*, 1819)가 있다.

4) 서양화가. 1884년 법률공부를 위해 파리로 유학을 갔다가 도중에 화가의 길을 택했다. 1893년 귀국하여 백마회(白馬會)를 창립하는 등 활발한 활동을 했고 도쿄미술학교 교수를 역임했다. 문전(文展) 창설을 주도했고 제국미술원장직에 오른다. 대표작으로 「호반」(湖畔), 「독서」 등이 있다.

5) 『만물진화요론』은 헉슬리가 아니라 스펜서(H. Spencer)의 책 『생물학 원리』(*Principles of Biology*, 1864~1867)를 西村玄道・杉本淸壽가 1884년에 번역한 것이다. 이 밖에 스펜서 저작의 번역으로는 앞서 언급된 松島剛 譯, 『社會平權論』(1884) 외에도 尾崎行雄 譯, 『權利提綱』(1877); 山口松五郎 譯, 『刑法原理・獄則論綱』(1882); 山口松五郎 譯, 『商業利害論』(1882); 山口松五郎 譯, 『道德之原理』(1883); 大石正己 譯, 『社會學』(1883); 大石正己 譯, 『政體原論』(1883); 乘竹孝太郎 譯, 『社會學之原理』(1883); 山口松五郎 譯, 『哲學原理』(1884); 濱野定太郎・渡邊治譯, 『政法哲學』(1884); 高橋達郎 譯, 『宗敎進化論』(1886); 有賀長雄 譯, 『標註 斯氏敎育論』(1886); 辰巳小二郎 譯, 『斯氏哲學要義』(1887); 平松熊太郎 譯, 『代議政體得失論』(1888); 永井久滿次 譯, 『個人對國家論』(1893) 등이 있다.

6) 독일의 동물학자. 예나(Jena) 대학 교수. 진화론자로서 다윈(Darwin)의 학설을 적극 지지하고 계통발생(phylogeny)설을 주장했다.

7) 미국의 역사학자. 컬럼비아 대학 교수. 『개혁의 시대』(*Age of Reform*, 1955)와 『미국인 생활에서의 반지성주의』(*The Anti-Intellectualism in*

American Life, 1963)로 두 차례나 퓰리처상을 받았다. 이 밖에도 『미국의 정치적 전통』(*The American Political Tradition*, 1948), 『미국 정치 내의 편집증적 방식』(*The Paranoid Style in American Politics*, 1965) 등 고전적인 연구가 있다.

8) 옌푸는 청년기(1877~1879)에 영국 유학을 했다. 1898년 『진화와 윤리』를 『천연론』으로 번역해 중국 지성계에 막대한 영향을 끼쳤다. 원래 잡지 『국문보』(國聞報)에 연재하던 것을 이듬해에 단행본으로 간행한 것이다. 그는 번역의 3원칙으로 '信·達·雅', 곧 충실하고 평이하며 우아한 문장을 꼽았는데, 그의 문장은 청 말 동성파(桐城派, 당·송 고문의 전통을 잇는 유학자 집단. 쩡궈판〔曾國藩〕도 그 일원이었다)의 명문이었다고 한다. 1902년부터 경사대학당(베이징 대학의 전신) 편역국(編譯局)에 근무했고 중화민국 성립 후에는 이 학당의 교장으로 취임했다. 옌푸는 이 밖에도 A. 스미스의 『국부론』을 『原富』(1902)로, 스펜서의 『사회학』(*The Study of Sociology*, 1873)을 『群學肄言』(1903)으로, J. S. 밀의 『자유론』을 『群己權界論』(1903)으로, 몽테스키외의 『법의 정신』을 『法意』(1904~1909)로 번역해 냈다. Benjamin Schwartz, *In Search of Wealth and Power: Yen Fu and the West*, Harvard University Press, 1964; James Pusey, *China and Charles Darwin*, Harvard University Press, 1983 참조.

9) 丸山眞男, 「福澤における'實學'の轉回」, 『東洋文化研究』 3, 1947. 이 논문은 『丸山眞男集』 3(岩波書店, 1995)에 수록되어 있다.

10) 『학문을 권함』에서 가장 유명한 부분이라면 전 17편 가운데 제1편의 첫 구절 "하늘은 사람 위에 사람을 두지 않고 사람 밑에 사람을 두지 않는다(는 서양의 격언이 있다)"인데, 이것은 천부인권론을 주장하는 것이다. 미국 독립선언서를 번역했던 후쿠자와가 그 중의 한 구절인 "all men are created equal"을 자기식으로 풀어 쓴 부분이다. 이 제1편에서는 학문의 실용성을 강조하여 "만인에게 공통된, 일상생활과 밀접히 연관되는 실학"을 배워야 한다고 주장했다.

11) 사카모토 료마(坂本龍馬), 요시다 쇼인(吉田松陰), 가쓰 가이슈(勝海舟), 가토 히로유키(加藤弘之) 등을 배출해 낸 막부 말기의 양학자 사쿠마 쇼잔(佐

久間象山, 1811~1864)이 주장한 "東洋道德, 西洋藝"가 그 대표적인 경우이다.

12) 프랑스의 생리학자. 생명과학 전반에 실험의 원리를 확립했다. 프랑스에서 과학자 최초로 국장(國葬)의 예우를 받기도 했다. 대표작 『실험의학 서설』(*Introduction à la médecine expérimentale*)은 의학의 진보를 위해 실험생리학이 불가결함을 주장한 책이다.

13) 토크빌은 『미국의 민주주의』 제1부(1835) 5장에서 미국의 주권재민 원리가 정부 형태에 어떻게 나타나고 있는지를 검토하면서 타운, 카운티(county), 주(state)를 분석하고 있는데, 특히 뉴잉글랜드의 사례를 들어 타운(정부)제도의 완벽성을 높이 평가하고 있다. 타운은 북부 식민지에서 이주민 자치의 핵심이 되었던 사회정치 단위를 가리킨다.

14) 메이지·다이쇼기의 소설가, 전기작가, 번역가로서 근대 일본의 대표적 지식인. 오가이는 호, 이름은 린타로(林太郎). 선배이자 친척인 니시 아마네와 같은 쓰와노(津和野) 번 출신으로 대대로 의사 집안이었다.(모리는 『니시 전기』(西周傳)을 쓰기도 했다.) 번교(藩校)인 양로관(養老館)에서 한학과 국학을, 부친에게 네덜란드어를 배웠다. 상경하여 도쿄대학 의학부를 최연소 (19세)로 졸업한 뒤, 군의관이 되어 1884~1888년 위생학 연구를 목적으로 독일 유학을 했다. 그의 유학 체험은 일본 근대소설의 대명사인 『무희』(舞姬, 1890)의 배경이 베를린인 데서도 엿보인다. 귀국 후 왕성한 평론과 번역 활동으로 각종 논쟁의 주역이 되는데, 특히 쓰보우치 쇼요(坪內逍遙, 1859~1935)와의 '몰이상(沒理想) 논쟁'이 유명하다. 번역으로는 안데르센의 『즉흥시인』(卽興詩人, 1892~1901), 육군 원로 야마가타 아리토모(山縣有朋)와 관계를 맺는 계기가 된 『대전학리』(大戰學理, 1903, 클라우제비츠의 『전쟁론』 번역) 등이 있다. 청일전쟁, 의화단사건, 러일전쟁 때 참전했으며, 다이쇼기에 접어들어 역사소설에 주력하여 『아베 일족』(阿部一族, 1913), 『오시오 헤이하치로』(大塩平八郎, 1914), 『산쇼다유』(山椒大夫, 1915) 등 대표작을 남겼다. 베를린 훔볼트 대학 구내에 기념관이 있다. 『전집』 38권.

15) 메이지 시기의 저널리스트. 오치는 호, 이름은 겐이치로(源一郎). 나가사키

(長崎) 출신. 에도 막부의 통역사로 일하면서 1861년과 1865년 두 차례 걸쳐 유럽을 다녀온 적이 있다. 귀국 후 존왕양이파에 의한 암살 위기를 여러 번 겪으면서 양이파에 대한 혐오로 막부 옹호의 입장을 취하게 된다. 왕정복고의 와중에 신정부군이 점령한 에도에서 『에도 신문』(江戶新聞)을 발행하여 신정부를 비판한 죄로 체포당하여 일본 최초의 신문 필화사건의 주인공이 되었다. 기도 다카요시(木戶孝允)의 도움으로 석방된 뒤 사숙을 경영하다가 양학과 경제에 대한 지식이 풍부하다고 인정받아 대장성(大藏省) 관료로 발탁되었다. 1871년 이와쿠라 사절단의 수행원으로서 미국과 유럽을 시찰했다. 1874년 『도쿄일일신문』에 입사해 정치부 기자 겸 주필로 여론에 많은 영향을 끼쳤다. 1882년 입헌제정당을 결성하고 주권재군론(主權在君論)의 입장에서 자유민권 계열의 언론과 논쟁을 벌였다.(이른바 '주권논쟁') 『도쿄 일일신문』의 경영 악화로 물러난 뒤로는 정치소설, 가부키 대본과 역사서를 집필했다. 만년인 1904년 중의원 의원에 당선되었다.

16) 메이지 시대의 번역가이자 관료. 나가사키 출신. 막부 개성소(開成所)의 교수를 맡았으며, 이와쿠라 사절단의 수행원(일등서기관)으로 미국과 유럽을 시찰하고 귀국 후 내무성에서 번역 사무를 담당했다. 1884년 원로원(元老院) 의관(議官), 1891년 귀족원 의원을 역임했다. 역서로 『만법정리』 외에 영(Young)의 『정치약원』(政治略原, 1871), 일리(R. T. Ely, 1854~1943)의 『미국율례』(米國律例, 1871), 벤담(Jeremy Bentham, 1748~1832)의 『민법논강』(民法論綱, 1876)이 있다.

17) 1882년 7월 울시〔3부의 주2〕 참조〕의 *Communism and Socialism* (1880)이 시시도 요시토모(宍戶義知)에 의해 번역되었다.(2권은 11월에 간행) 9월에 니시카와 쓰테쓰(西河通徹, 1856~1929)가 번역한 『러시아 허무당 사정』에는 바쿠닌, 크로포트킨, 마르크스의 이름이 등장한다. 니시카와는 게이오 의숙 출신의 신문기자로 1895년 『오사카 아사히 신문』(大阪朝日新聞)과 『도쿄 아사히 신문』의 경성(京城) 특파원으로 활동한 적이 있다. 베르네의 책은 11월 가와시마 주노스케(川島忠之助, 1853~1938)가 번역했다. 가와시마는 쥘 베른(Jules Verne, 1828~1905)의 『80일간의 세계일주』(1873)를 번역(『新說八十日間世界一周』, 1878~1880)한 인물로 유

명하다.

18) 한 청년과 게이샤(芸者)의 연애를 부호가 방해한다는 줄거리로, 자유민권 운동과 메이지 정부가 국민을 놓고 벌이는 실랑이를 묘사해 냄으로써 일본 최초의 '정치소설'이라 일컬어지는 도다 긴도(戶田欽堂)의 소설 명칭은 『정 해파란』(民權演義 情海波瀾, 1880)이다. 도다의 소설은 해피엔드로 끝나지 만 일본의 정치적 현실은 그렇지 못했다.

19) 가토 히로유키가 『입헌정체략』(立憲政體略, 1868)에 이어서 입헌정체를 택 한 나라들의 정치 형태를 쉽게 설명한 책. 가토가 천부인권설의 입장에 서 있던 시기의 저술이라서 자유민권사상에 큰 영향을 미쳤다. 가토는 이후에 국권론으로 돌아서면서 1882년 『인권신설』(人權新說)을 간행함과 동시에 스스로 성명을 발표하고 『진정대의』와 『국체신론』(國體新論, 1874)을 절판 시켰다.

20) 정치가. 도사(土佐) 번 출신. 고토 쇼지로(後藤象二郎) 등과 대정봉환운동 때 활약했다. 메이지 유신 때 「5개조 서문」의 기초 작업에 참여했으며, 1875년 원로원 의관 등을 거쳐 추밀고문관을 역임했다.

21) 메이지 시기의 미술 행정가. 후쿠자와 유키치에게 양학을 배운 뒤 1872년 문부성에 들어가 교육과 미술 행정을 맡았다. 재직 중 유럽 유학을 다녀왔 으며, 1884~1887년에 워싱턴 주재 외무성 특명전권대사로 근무한 적이 있다. 귀국 후 궁내성으로 옮겨 제국박물관(도쿄·교토·나라) 창설을 주도하 여 1889년 초대 제국박물관 총장이 된다. 철학자 구키 슈조(九鬼周造, 1888 ~1941)는 그의 아들이다.

22) 이에나가 사부로가 자기 저술인 고교 일본사 교과서에 대한 문부성의 검정 에 항의하여, 국가를 상대로 검정제도 자체를 제소한 소송. 1965년에 시작 되어 1997년에 일단락되었다.

23) 버크의 『프랑스 혁명론』 자체가 프랑스 혁명의 평가를 둘러싼 영국 내의 논 쟁 과정에서 나왔다. 프랑스 혁명 직후 웨일스의 급진적 개혁주의자 프라이 스(Richard Price)는 『애국론』(*A Discourse on the Love of Our Country*, 1789)을 써서 당시 영국 보수세력이 혁명에 반대하여 반프랑스 감정을 유포시키는 행태를 비판했다. 곧 진정한 '애국'은 편협한 혈연·지연

개념으로서의 나라(country)에 대한 사랑이 아니라 세계시민주의에 입각한 보편적 자애(universal benevolence)이고, 그것이야말로 명예혁명의 진정한 계승이라고 주장했던 것이다. 이러한 주장은 당시 맨체스터 헌정협회 등 영국내 급진주의 '재야'세력의 공통된 인식이기도 했다. 버크의 책은 이에 대한 보수주의측의 반박으로 쓰였던 것이다. 조승래, 「18세기 애국주의 담론과 국민적 정체성의 형성」, 『영국 연구』 창간호, 1997 참조.

24) 프랑스의 예수회 선교사. 솔리에(François Solier)의 『일본교회사』(*Histoire Ecclésiastique des Isles et Royaumes du Japan*, 1627)를 참고하여 『일본교회사』(1869)를 저술했다. 이 책은 한때 유럽에서도 주목을 받아, 프랑스에서 3판을 인쇄했고 영어(1707), 이탈리아어(1737), 독일어(1738), 포르투갈어(1749~1755)로도 번역되었다. 메이지 정부의 태정관 본국(本局) 번역관이 1877년 번역에 착수한 크라세의 책은 초판이 아니라 제3판이다.

25) '國盡'(구니즈쿠시)란 전근대 일본의 지방을 가리키는 구니(國) 66개의 명칭을 나열하여 외우기 쉬운 문장으로 만든 일종의 습자·지리 교과서인데, 이것을 모방해서 메이지 이후 세계 각국의 다양한 모습을 소개한 것이 후쿠자와의 책이다.

26) 가나가키는 막부 말기·메이지기의 대중문예 작가로서 메이지 초기 '문명개화'의 세태를 담은 작품으로 유명하다. 『아구라 나베』는 메이지 시기에 들어와서부터 먹게 된 쇠고기 요리인 전골냄비 요리집을 무대로 도쿄 소시민의 삶을 그려낸 풍속소설이다.

27) '간나가라노 미치'란 곧 신도(神道)를 가리킨다. 히라타파 국학자들이 주도권을 잡았던 이른바 '신도 국교화 정책기'는 신도＝황도(皇道)를 제외한 불교 등의 종교를 배척했기 때문에 불교도 등의 반발로 정치적 불안정이 가중되었다. 메이지 정부의 개명파 관료들이 난감해 했던 것도, 히라타파의 헤게모니 상실도 여기에서 비롯된다. 박환무, 「근대 일본의 국가 신도 형성과정과 천황제 이데올로기: 일본적 시민종교의 성립에 관한 시론」(역사학회 편, 『역사상의 국가권력과 종교』, 일조각, 2000), pp. 157~58 참조.

28) 일본 중세 무로마치(室町) 시대에 활동한 정토진종(淨土眞宗) 승려. 본산인

혼칸지(本願寺)를 정상화시키고, 오사카 이시야마(石山)에 도량을 창건(이
시야마 혼칸지로 발전)하여 정토진종의 교세를 재흥시켰다. 센고쿠 시대의
혼란기에 사원과 고(講)조직을 결합시켜 지방 신도를 많이 끌어모았다. 그
는 민중 포교시에 교리를 평이하게 설명한 '고몬'(御文)을 사용한 것으로 유
명하다.

29) 가이지로와 규헤이가 등장하는 개화물은 『개화문답』(開化問答, 1874〜
1875)을 가리킨다. 이른바 '문명개화기'의 '백인일수'(백명의 가인[歌人]이
지은 와카[和歌] 한 수씩을 모아 편찬한 책)에는 여러 종류가 있는데, 마루야
마가 여기서 인용한 것은 1872년 간행된 『文明開化童戲百人一首』(總生寬
歌, 曉齋 畵)이다. 이 책은 에도 시기에 생겨난 '道化百人一首'를 패러디하여
당시의 급격한 서구화를 풍자한 것으로, 각 수(首)의 윗부분은 당시의 유행
어를 집어넣은 것(예컨대 본문에서처럼 '말린 잎담배'=卷煙草나 '천황의 포
고'=御布告)이고 아랫부분은 '道化百人一首'의 원문을 그대로 수록해 놓고
있다. 따라서 자료적인 가치는 윗부분의 가사와 삽화에만 있다고 하겠다.
이 책은 1886년 『開化新調道外百人一首』라는 제목으로 다시 간행되었고,
그 아류로는 『開化敎訓道戲百人一首』(1883), 『珍妙百人一首』(1901) 등이
있다. 본문에서 인용된 두 번째 노래에서 '천황의 낚싯배'(あまのつりぶね天
の釣舟)란 천황의 포고(御布告)를 가리키는 것인데, 일본신화에서 진무(神
武) 천황이 타고 내려왔다는 'あまのいわふね'(天の磐船)를 염두에 둔 것 같
다.

30) 도쿠가와 막부는 종래 천문방(天文方 덴몬가타)의 부속기구였던 만서화해
어용(蠻書和解御用, 1811)을 양학소(洋學所, 1855)로 독립시켰고, 양학소
는 번서조소(蕃書調所, 1856), 양서조소(洋書調所, 1862), 개성소(開成所,
1863), 메이지 유신 이후 개성학교(開成學校, 1869)로 되었다가 1877년 도
쿄대학으로 흡수되었다.

옮긴이의 말

1

1946년 9월 일본 국회의 한 위원회에서는 다음과 같은 논의가 오가고 있었다.

A: '平人'으로 하면 어떨까요? '凡人'이라고 해도 뜻은 거의 같지만.

B: '文化人'이라는 말도 생각해 볼 법하군요.

C: peaceful pursuit에 종사하는 사람이라는 취지니까 '平和業務者'라고 하면 되겠죠.

D: '民人'은 어때요? 『大英和辭典』에 따르면 군인과 성직자를 제외한 사람입니다.

E: '文人'이라고 하면 어떻겠습니까?

B: 『言苑』에 '文臣'이란 말이 있어요. 文官이라는 뜻으로 武官과 대비되는 말입니다.

F: 軍部大臣文官制에서의 文官의 의미로 해석될 소지가 없을까요?

G: 臣에는 군주의 신하라는 뉘앙스가 있으니까 '文民'으로 하면 어떻습니까?

이상은 일본 귀족원 '제국헌법 개정안 특별위원회 소위원회'의 속기록을 재구성한 것이다.* 연합군 총사령부(GHQ)가 헌법 초안 제66조에 추가를 요구한 조항, "Prime Minister and all Ministers of the State shall be civilians"에서 civilian을 어떻게 번역할 것인지에 대해 논의한 기록이다. 오늘날 우리가 볼 수 있는 일본국 헌법 제5장의 일절인 "내각총리대신을 비롯한 국무대신은 文民이어야 한다"는 조항은 이렇게 해서 만들어졌다. 당시 일본의 지식인들은 어째서 civilian이라는 말 하나를 번역하는 데 그토록 고심했던 것일까?

후쿠자와 유키치의 '관민조화론'(官民調和論)으로 상징되듯이, 근대 일본의 '민'은 '관민'이라는 짝개념 속에서만 의미를 지닐 수 있었다. 이른바 '자유민권운동'을 거쳤다지만 무관이든 문관이든 통치의 주체는 어디까지나 '관'이지 '민'이 될 수는 없다는 인식이 지배적이었다. 이 책에서 마루야마 마사오는 메이지 초기에 프랑스어 droit civil이 '民權'이라고 번역되었을 때 '백성(民)에게 권력(權)을 인정하자는 말이냐'는 맹반발이 일었음을 지적하고 있다. '민권'으로 상징되는 근대 일본의 '민' 개념은 관민이원론으로 분절된 '기호학적 공간'(semiosphere)† 속에서 형성되기 시작했던 것이다.

17세기까지 일본에는 예수회 선교사들이 편찬한 사전 몇 종을 제외하면 이렇다 할 사전이 없었다. 있다고 해도 일본의 풍물을 모두 한자로 설명해 놓은 것들뿐이었다. 가나로 된 사전이 등장하는 것은

---

* 『每日新聞』 1996년 1월 22일자.
† Yuri M. Lottman, 유재천 옮김, 『문화 기호학』, 문예출판사, 1998.

18세기 이후의 일이다. 가나 사전이 없었다는 것은 곧 '일본어'라는 발상의 부재를 의미한다. 일본과 중국의 언어가 다르다고 하는 의식이 아직 없었다는 것이다. '일본어'라는 관념은 언어 일반이라는 관념 없이는 성립될 수 없다. 결국 번역이 개별 언어의 차이를 드러냄으로써 언어 일반이라는 관념을 낳고 나아가 '일본어'라는 관념까지 창출해 낸 것이다.* 중국어를 외국어로 의식한 오규 소라이나 이른바 '가라고코로'(漢心)를 배척한 모토오리 노리나가가 등장하고, 『해체신서』(解體新書)로 상징되는 난학이 급격히 발달한 18세기의 지적 상황은 그 시기가 '일본'의 정체성에 대한 자각을 요청했으며, 따라서 번역을 요구하고 있었음을 말해 준다. 번역은 단지 외국의 개념과 사상을 수용하는 지적 행위가 아니라 그 과정에서 이루어지는 타자와의 대화를 통해 자기 정체성을 자각하는 문화적 실천이기 때문이다.

19세기에 접어들면서 고조된 대외적 위기의식은 이러한 정체성의 자각을 한층 더 요구했다. 에도 시대의 번역이 '일본(인/어)'이라는 정체성을 형성시킬 단초적 계기를 마련했다면 메이지 유신 이후의 근대화 과정에서 번역은 명실공히 국민국가 건설을 위한 국가화/국민화 프로젝트로 자리매김되었다. 19세기 이래의 일본은 서구 국민국가의 역사적 경험을 모델삼아 국가 건설과 국민 형성이라는 과제를 단기간에 달성해야 했다. 근대화란 곧 서구화였고 급격한 '문명화 과

---

* Naoki Sakai, *Voices of the Past: The Status of Language in Eighteenth-Century Japanese Discourse*, Cornell University Press, 1991; 酒井直樹·西谷修, 『世界史の解體: 飜譯·主體·歷史』, 以文社, 1999.

정'이었다. 그 과정은 모델의 수용과 자기 것으로의 변용이 동시에 진행되는 넓은 의미의 번역이라 할 수 있다. 이 책의 주제인 좁은 의미의 번역은 이 '문명화 과정'으로서의 번역을 추진하기 위한 하나의 수단, 그러나 어쩌면 가장 명료한 문제의식 아래서 사용된 수단이었던 것이다.

그런데 메이지 시기의 번역은 어떠한 국민적 정체성을 구축할 것인가를 둘러싼 정치적·이데올로기적 투쟁의 장이라는 속성을 분명히 드러냈다. 지식을 유사종교에 비유한다면 근대화의 모범국은 곧 '신국'(神國)이고 국가체제 등에 대한 준거이론은 곧 '경전'이며 그 이론의 수용은 '개종'이고 유학은 일종의 '성지순례'이다. 근대 일본에서 이 '유사종교'가 성행하게 된 결정적 계기는 1880년대의 헌법 논의였고, 그 행로는 크게 프랑스학—영국학—독일학이라는 준거이론의 변모로서 나타났다. 이들은 서로 병립하면서도 헤게모니의 계기성을 보여주었다. 나카에 조민, 후쿠자와 유키치, 가토 히로유키로 대표되는 각 준거이론의 보급은 '경전'의 번역을 동반하면서 메이지 전반기를 '번역의 시대'로 만들었다.*

결국 자유민권운동으로 대표되는 프랑스학, 영국학 대신에 메이지 정부의 정책을 뒷받침한 독일학이 헤게모니를 장악함으로써 이데올로기 쟁탈전은 일단락되고 근대 일본은 메이지 헌법체제의 수립과 청일전쟁에 의한 제국주의화로 나아간다. 이같은 근대 일본의 도정은

* 山室信一, 『法制官僚の時代: 國家の設計と知の歷程』, 木鐸社, 1984.

내적으로 '신민'(臣民)—권리보다는 의무의 주체로 자리매김된 민(民)—이라는 국민적 정체성을 수립해 간 과정이기도 했다. '문민' 논란의 역사적 배경에는 이러한 일본 근대의 발자취가 남겨져 있는 것이다.

2

100년에 걸친 일본의 경험은 결국 동아시아의 근대라는 기호학적 공간 속에서 자리매김되어야 한다. 근대어의 형성과정 자체가 일국적인 설명틀을 뛰어넘기 때문이다. 『만국공법』의 수용과정에서 극명하게 드러나듯이, 에도 시대 이래 축적되어 온 일본의 번역 전통은 사실 메이지 초기까지만 해도 한자 어휘에 결정적으로 의존하고 있었다. 난학조차도 그 예외가 아니었다. 또한 근대 중국어 가운데 종래 일본어에서 차용된 어휘라고 여겨져 왔던 것들 중 상당수는, 애초에 중국에서 개신교 선교사와 현지 중국인 협력자들이 비종교적 텍스트를 번역하면서 만들어 낸 것을 19세기에 일본인이 같은 텍스트를 다시 번역하는 과정에서 채용한 어휘들이다.*

일본은 적어도 1870년대까지는 한역 양서와 그 어휘의 자장(磁場)으로부터 자유로울 수 없었다. 한국어도 마찬가지지만 일본어에서 한자가 '피해 갈 수 없는 타자'라고 하는 근본적인 문제는 차치하더라

---

*Federico Masini, *The Formation of Modern Chinese Lexicon and Its Evolution Toward a National Language: The Period from 1840 to 1898*, University of California, Berkeley, Project on Linguistic Analysis, 1993.

도, 근대 초기까지 정보의 원천으로서도 중국산 지식의 헤게모니는 아직 상실되지 않았던 것이다. 1880년대에 본격화된 헌법 논의는 이 상황에 지각변동을 가져온 것으로 보인다. 변동은 구체적으로 일본의 신조어('新漢語')가 영향력을 확대하는 현상에서도 나타났지만,* 지성사적 흐름에서도 감지된다. 나카에 조민은 1882년 루소의 『사회계약론』을 『민약역해』(民約譯解)라는 제목으로 번역하면서 한문을 사용했다. 중국인 독자까지 시야에 넣고 굳이 한문이라는 수단을 택했던 것이다. 그 결과 그는 '동양의 루소'라는 별명을 얻게 된다. 이때부터 시소는 이미 일본 쪽으로 기울어져 가고 있었던 셈이다.

이처럼 19세기 후반기의 동아시아는 언어와 사상의 역동적인 투쟁의 장으로서 서로 영향을 주고받았다. 따라서 '상호작용'이라는 관점의 필요성은 가히 절대적이다. 본디 원전과 번역의 관계는 자극과 수용이라는 일방통행적 관계로 왜소화될 수 없는 법이다. 서구 언어가 비서구 언어에 대해, 또 근대 일본어가 중국어·한국어에 대해 일방적 헤게모니만을 갖는 것은 아니다. 번역과정에서 후자가 전자를 변형시키고 때로 공범관계를 형성하는 사례도 있기 때문이다. 번역을 통한 각 언어들 사이의 '연쇄', 나아가 번역을 통해 형성되는 제반 학문들—무엇보다도 국민국가 수립과 직결되는 법학·정치학·경제학·역사학·문학 등—의 지역간·국가간 연쇄를 염두에 두지 않는 한, 동아시아의 근대는 온전히 복원될 수 없을 것이다.

---

* 沈國威, 『近代日中語彙交流史 : 新漢語の生成と受容』(笠間書院, 1994)은 청일전쟁을 경계로 중·일 사이에 어휘 차용의 역전 현상이 일어났다고 주장한다.

한국의 근대는 서구, 중국, 일본과의 상호작용에 의해 형성된, 말하자면 '삼중 번역된 근대'(triple-translated modernity)*라고 할 수 있다. 나는 동아시아의 기호학적 공간 속에서 한국의 근대를 온전히 복원해 내려는 지적 작업은 우선 '여러 갈래 길'로 나뉜 번역의 행로에서 시작되어야 한다고 믿는다.† 어쩌면 그 행로는 거미줄처럼 뒤얽힌 미로가 될지도 모른다. 그 미로를 헤쳐나갈 아리아드네의 실은 무엇인가? 그것은 바로 언어에 대한 끊임없는 긴장이다. 우리는 너무도 쉽게 긴장을 늦춘다. 우리가 사전에서 일상적으로 접하는 어휘의 일대일 대응관계는 근대어의 번역과정에서 형성되어 고정된 '결과물'에 불과하다. 그러나 한번 결과로 고정되고 나면 그 지난했던 번역의 '과정', 곧 번역의 '역사'는 망각되고 은폐된다. 어쩌면 근대 학문 전체가, 근대 자체가 그렇다고 볼 수 있다. 근대어의 성립과정에 대한 고찰이 곧 근대 자체의 개념사가 될 수 있음은 바로 그 때문이다.

'文民'으로 말문을 열었으니 '문민'으로 마무리를 지어야겠다. 패전 직후 일본에서의 '文民' 논의는 그것을 통해 엿볼 수 있는 법의식의 문제 때문에 중요하기도 하지만, 더 중요한 것은 그러한 논의의 '과

---

* '번역된 근대'라는 개념에 대해서는 Lydia Liu, *Translingual Practice: Literature, National Culture, and Translated Modernity—China, 1900-1937*, Stanford University Press, 1995 참조.

† 최근 문제의식은 다르지만 학계 일각에서 이와 관련된 연구성과가 나오고 있어 무척 고무적이다. 김병철의 선구적 업적(『한국 근대 번역문학사 연구』, 을유문화사, 1974) 이후 최근 조동일, 『하나이면서 여럿인 동아시아 문학』, 지식산업사, 1999; 김효전, 『서양헌법이론의 초기 수용』, 철학과현실사, 1996; 김효전, 『근대 한국의 국가사상』, 철학과현실사, 2000 등이 잇달아 간행되고 있다.

정'이 존재했다는 사실 그 자체이다. 우리가 쓰는 '문민'에는 과연 어떤 논의의 과정이 있었을까? 얼마 전 세계 최고의 권위를 자랑하는 『옥스퍼드 영어사전』에 얽힌 이야기*를 읽으면서 부러워했던 기억이 난다. 영국이 『옥스퍼드 영어사전』을 갖고 있다는 현실적 결과가 아니라 그 사전을 만들기 위해 그토록 오랜 세월 동안 온갖 노력을 기울였던 편찬의 과정이 부러웠던 것이다. 이 책이 언어에 대한, 그리고 우리 말에 대한 독자들의 긴장감을 되살리는 데 조금이라도 보탬이 된다면 옮긴이로서 더 이상 바랄 것이 없겠다.

　얇은 책이지만 늘 그렇듯이 많은 분들의 도움을 받았다. 이계황 님, 박양신 님, 그리고 특히 박환무 님께 감사드린다. 주위에 항상 의논할 상대가 있다는 것만큼 공부하는 사람에게 행복한 일도 없을 것이다. 하지만 이 책에서의 오류는 이 분들의 도움과는 상관없이 모두 역자의 몫이다. 마지막으로 늘 곁에서 힘이 되어 준 아내에게 감사의 말을 전해야겠다.

* Simon Winchester, 공경희 옮김, 『교수와 광인』(세종서적, 2000).

서명